山区公路边坡性能评估与处置养护技术指南

宁波市公路管理局　等　编著

人民交通出版社股份有限公司
China Communications Press Co.,Ltd.

内 容 提 要

为规范山区公路边坡的性能评估与处置养护,防控边坡风险,达到"畅安舒美"的要求,特制订本指南。指南共5章,分别为:总则、术语、边坡性能评估方法、边坡处置的实施原则和方案设计、日常巡查和建档;结尾附有相关表格、图集等内容。

本书图文并茂,实用性强,可供公路工程养护相关技术人员参阅。

图书在版编目(CIP)数据

山区公路边坡性能评估与处置养护技术指南 / 宁波市公路管理局等编著. — 北京 : 人民交通出版社股份有限公司, 2017.3

ISBN 978-7-114-13298-8

Ⅰ. ①山… Ⅱ. ①宁… Ⅲ. ①山区道路—公路路基—边坡防护—指南 Ⅳ. ①U418.5-62

中国版本图书馆CIP数据核字(2016)第208118号

书　　名: 山区公路边坡性能评估与处置养护技术指南
著 作 者: 宁波市公路管理局　等
责任编辑: 黎小东
出版发行: 人民交通出版社股份有限公司
地　　址: (100011)北京市朝阳区安定门外外馆斜街3号
网　　址: http://www.ccpress.com.cn
销售电话: (010)59757973
总 经 销: 人民交通出版社股份有限公司发行部
经　　销: 各地新华书店
印　　刷: 北京市密东印刷有限公司
开　　本: 720×960　1/16
印　　张: 4.75
字　　数: 60千
版　　次: 2017年3月　第1版
印　　次: 2017年3月　第1次印刷
书　　号: ISBN 978-7-114-13298-8
定　　价: 30.00元

《山区公路边坡性能评估与处置养护技术指南》

编写委员会

主　编：叶文亚　卢照辉

副主编：张子江　郎德敏　邓检良

编　委：张俊杰　盛初根　王华俊　毛启亮　杜世明

郑嫦月　施勇斌　王继国　黄莉萍　石子威

王伟明　周　明　高志勇　张旭梁　竺石磊

洪　磊　钱　江

编 写 单 位

宁波市公路管理局

宁波冶金勘察设计研究股份有限公司

上海交通大学

前　言

为规范山区公路边坡的性能评估与处置养护，防控边坡风险，达到“畅安舒美”的要求，特编写本指南。

本指南针对路堑边坡的养护问题，分别讨论了三个主题：治理前的性能评估、治理工程勘测及初步方案设计和日常养护指导。指南以性能评估为中心展开介绍，从治理前的性能评估开始，到治理工程初步方案设计，直到日常巡查中的性能评估，完成一个循环。此后，在日常巡检中若发现边坡问题，即开始新一轮治理前的性能评估。对于山区边坡的工程设计与施工质量评价，现行规范［如《公路路基设计规范》（JTG D30—2004）和《建筑边坡工程技术规范》（GB 50330—2013）］已有详尽规定，本指南不再介绍。

在性能评估中，强调了对坡面的性能评估。无论是在治理前的性能评估还是日常巡查中的性能评估，本指南都将坡面性能评估放在重要的位置。这是因为：(1)边坡的表层破坏直接与坡面性能相关，而山区公路边坡遇到的往往是表层破坏；(2)边坡内部不易观测，但边坡的深层破坏往往会在表层出现先兆，因此坡面性能评估为推测深层破坏提供了一个手段；(3)借鉴国外的经验，例如日本道路工学会编写的技术指南中将稳定性和坡面性能并列起来考虑。

指南充分注意到水在边坡问题中的作用。降雨和地震是影响边坡稳定性的两大自然因素。地震在我国东南和中南地区不是突出问题，但降雨的问题突出，因此与降雨有关的水的问题在性能评估中是最重要的自然因素。本指南在工程设计中强调了截排水的必要性，在日常巡检中强调对水的观测。

指南充分利用边坡位移来衡量边坡的稳定性。无论是在治理前的性能评估，还是日常巡查的性能评估中，都强调了裂缝扩展、隆起和低坎形成对边坡稳定性判断的重要性。

指南充分重视实施的可行性，包括：措施内容简明扼要，各项要求具有可操作性。对于较为复杂的可行性分析，采用了流程图的形式。在描述比较复杂的工况时，采用了图片说明的形式。评价体系中要求的各项指标，基本都可由简便易行的方式获取。工程设计方法未超出现有规范的要求。

指南中对边坡性能的评估方法是山区公路边坡工程的总结和提高。在指南的编写过程中，具有丰富工程经验的专家学者提出了大量建议。鉴于目前的边坡性能评价方法尚不成熟，还需要在今后的工程实践中不断发展和完善，本指南提出的评估方法亦将在今后的边坡管理工作中得到逐步完善。

作　者

2017 年 2 月

目　　录

第1章 总 则

1.1 适用范围

《山区公路边坡性能评估与处置养护技术指南》(以下简称本指南)适用于山区公路管理部门验收接管后的普通国省道和重要县道、乡村公路路堑边坡的处置养护工程。

本指南适用于岩质、土质、岩土混合质等各类公路路堑边坡的性能评估与处置养护。

本指南未定的事项参照表1-1所列的设计标准和规范。其中,《公路路基设计规范》(JTG D30—2004)和《建筑边坡工程技术规范》(GB 50330—2013)是本指南的依据。

相关设计、施工和验收的标准和规范 表1-1

设计标准或规范	实施日期	类型
《公路路基设计规范》(JTG D30—2004)	2005-01-01	交通行业标准
《建筑边坡工程技术规范》(GB 50330—2013)	2014-06-01	国家标准
《岩土工程勘察规范》(GB 50021—2001)	2002-03-01	国家标准
《公路工程质量检验评定标准》(JTG F80/1—2004)	2005-01-01	交通行业标准
《公路养护技术规范》(JTG H10—2009)	2010-01-01	交通行业标准
《公路排水设计规范》(JTG/T D33—2012)	2013-03-01	交通行业标准
《公路路线设计规范》(JTG D20—2006)	2006-10-01	交通行业标准
《公路边坡植被防护工程施工技术规范》(DB 33/T 916—2014)	2014-04-20	浙江省地方标准
《建筑边坡工程施工质量验收规范》(DBJ/T 50-100—2010)	2010-03-01	重庆市地方标准

1.2 基本要点

在本指南中,考虑了下述基本要点:

(1)强调地质勘察的作用。

(2)充分重视坡面工程问题。

(3)充分考虑地表水、渗水和地下水问题。

(4)充分注意养护期间出现的异常变形。

(5)强调巡检的作用,为公路维护期间迅速采取应对措施提供帮助。

(6)充分利用"一坡一档",达到边坡管理精细化。

(7)充分考虑自然环境,注重生态文明。

1.3 基本内容

本指南规定了山区公路边坡性能评估与处置养护的一般方法,包括:性能评估方法、加固工程和坡面工程的实施原则和方案设计、日常巡查和建档。山区公路边坡工程设计的一般规定与施工质量评价标准详见相关规范。

1.4 一般规定

边坡性能评估与处置养护的流程图,如图 1-1 所示,具体规定如下:

1.4.1 对预期实施处置的边坡,应进行性能评估。根据本指南第 3 章要求,分别对挡土墙、边坡稳定性和边坡坡面性能进行评估,确定分类等级。

1.4.2 边坡性能评估完成后,在实施边坡加固工程前,须由专业单位参照本指南第 4 章进行勘察和方案设计。实施坡面工程前,须由专业单位参照本指南第 4 章进行方案设计。

1.4.3 边坡加固工程和坡面工程须由专业单位参照相关规范要求进行工程设计。

1.4.4　边坡加固工程和坡面工程完成后，须由专业单位参照相关规范要求进行质量评价与验收。

1.4.5　边坡加固工程和坡面工程验收后，参照本指南第 5 章由公路管理部门接管归档。

1.4.6　在边坡养护期间，应参照本指南第 5 章安排日常巡检。根据巡检发现的边坡问题，确定是否实施边坡处置。

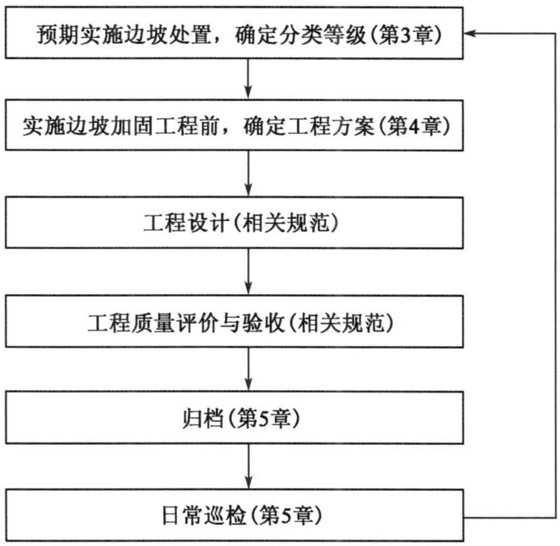

图 1-1　边坡性能评估与处置养护流程图

第2章　术　　语

2.0.1　公路边坡

为保证公路路基稳定，在路基两侧做成的具有一定坡度的坡面。根据岩体组成和坡体结构，公路边坡一般分为土质边坡、岩质边坡和二元结构边坡（土岩组合边坡）。

2.0.2　路堑边坡

挖方路基形成的边坡。

2.0.3　边坡破坏类型——一级分类

根据边坡变形破坏的规模，分为坡面破坏、坡体破坏（变形限于人工边坡范围）和山坡破坏（变形范围超越人工边坡）三类。本指南只涉及前两种破坏。

2.0.4　边坡破坏类型——二级分类

根据具体变形破坏方式和岩土作用的特点，**坡面破坏**可分为块体脱落［例如：落石（图2-1）和碎落（图2-2）］、地表径流冲蚀和散体流动（蠕动、碎屑

图2-1　落石

图2-2　碎落

泥流）三类；**坡体破坏**可分为块体腾空翻滚下落的崩塌（图2-3）、沿坡面解体下落的坍塌和整体沿剪切面滑动（图2-4）三类。

图2-3　崩塌

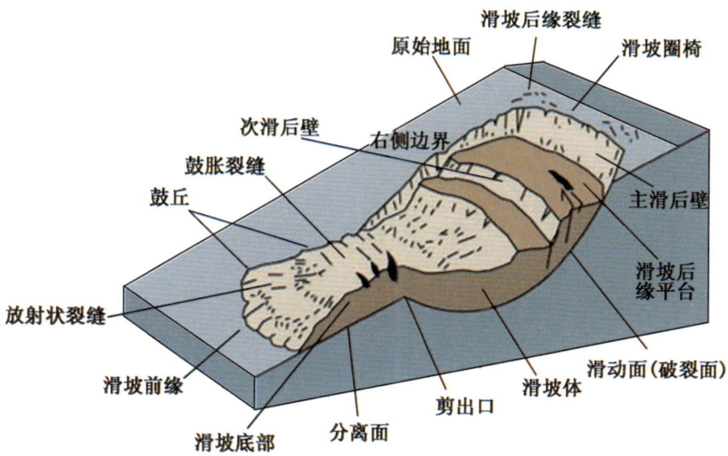

图2-4　旋转式滑坡

2.0.5　加固工程

为增强边坡抵抗深层破坏能力而采取的坡体治理和加固措施，包括削方减载工程、挡土墙工程、锚固工程和截排水工程等。

2.0.6　坡面工程

为增强边坡抵抗表层破坏能力而采取的坡面治理和加固措施，包括削方减载工程、截排水工程和坡面防护工程等。

2.0.7　崩塌

高陡斜坡上岩体或土体在重力作用下倒塌、倾倒或坠落的现象。

2.0.8　坍塌

土质边坡或破碎岩石边坡，在降雨或地下水等触发因素的作用下，由于坡率过陡，坡脚软化失去支撑，致使其上覆相应部分岩土崩解、坍落，并堆于坡脚的坡体病害现象。

2.0.9　滑坡

斜坡上的岩体或土体在自然或人为因素的影响下，沿带或面滑动的现象。

2.0.10　削方减载法

通过清除建筑边坡推力区的岩土体达到减少边坡推力，使加固后的既有建筑边坡工程满足预定功能的一种加固法。

2.0.11　挡土墙

承受土体侧压力的墙式构造物。

2.0.12　锚固加固法

通过设置锚杆及传力结构，使拟加固的既有边坡工程满足预定功能的一种直接加固法。

2.0.13　截排水法

通过设置或改造截、排水系统，增加既有边坡稳定性的加固法。

2.0.14　坡面防护

为防止路基坡面溜坍等病害，对边坡坡面所采取的防护加固措施。

2.0.15　日常巡检

采用目测的方式对边坡坡体及其防护构造物所进行的一般性检查。

第3章　边坡性能评估方法

3.1　一般规定

公路管理部门验收接管后的普通国省道和重要县道、乡村公路路堑边坡的养护处置工程，应符合以下规定：

(1)在实施新的加固工程前，必须由专业单位进行稳定性评估。

(2)在实施新的坡面工程前，必须由专业单位进行坡面性能评估。

(3)在日常巡检中，应对边坡的稳定性和坡面性能进行简易评定。

3.2　稳定性评估

3.2.1　稳定性评估的对象是公路路堑边坡。对于无挡土墙的边坡，应对边坡稳定性进行评估；对于有挡土墙的边坡，还应单独对挡土墙稳定性进行评估。挡土墙稳定性评估方法见本指南附录一；边坡稳定性评估方法本指南附录二。

3.2.2　对边坡破损度、重要度和紧急度进行评判，将评判结果分为“大、中、小”三个档次。

3.2.3　根据破损度、重要度和紧急度，将边坡稳定性和挡土墙稳定性由高到低分为4类(一、二、三、四类)。分类标准详见表3-1。

3.2.4　根据边坡稳定性和挡土墙稳定性的分类结果，取稳定性低者为稳定性综合等级。

3.2.5　建议针对不同稳定性综合等级的边坡采取不同的防治措施：

1　一类边坡应进行正常清理保养；

2　二类边坡应进行小修保养，并加强日常巡查工作，发现问题及时处理；

3　三类边坡应进行专项检查，确定处置对策；

4　四类边坡应立即采取治理措施，建议邀请有资质的单位进行测量、勘察、设计与施工。

挡土墙、边坡的稳定性和坡面性能简易分类标准　　表 3-1

破损度＼重要度	大	中	小
大	四类(大、中、小)	四类(大、中) 三类(小)	三类(大、中、小)
中	四类(大) 三类(中) 二类(小)	三类(大、中) 二类(小)	二类(大、中、小)
小	三类(大) 二类(中、小)	二类(大、中) 一类(小)	一类(大、中、小)

注：括号内为“紧急度”的大、中、小(见附录一～附录三)。

3.3　坡面性能评价

3.3.1　坡面性能评估的对象是公路路堑边坡坡面。评价方法见本指南附录三。

3.3.2　对破损度、重要度和紧急度进行评判。将评判结果分为“大、中、小”三个档次。

3.3.3　根据破损度、重要度和紧急度，将坡面性能分为 4 类(一、二、三、四类)。分类标准详见表 3-1。

3.3.4　建议针对不同坡面性能等级的边坡坡面，采取不同的防治措施：

1　一类坡面应进行正常清理保养；

2　二类坡面应进行小修保养，并加强日常巡查工作，发现问题及时处理；

3　三类坡面应结合稳定性评估结果，建议进行专项检查，确定处置对策；

4　四类坡面应结合稳定性评估结果，建议立即采取处置措施，并邀请有资质的单位进行测量、设计与施工。

3.4 其他边坡工程评价方法

通过对日常巡检结果的分析,可以对边坡的稳定性和坡面性能进行简易评定,详见本指南第5章。

第4章　边坡处置的实施原则和方案设计

4.1　一般规定

4.1.1　在实施加固工程和坡面工程前，应由专业单位实行勘察并提供加固方案。

4.1.2　本指南中，将边坡问题分为稳定性问题和坡面性能问题。其中，为解决坡体稳定性问题，需要实施边坡加固工程（简称加固工程）；为解决坡面性能问题，需要实施坡面治理工程（简称坡面工程）。

4.1.3　对于具有挡土墙的边坡，根据实际情况，可单独对挡土墙实施加固。但是在加固挡土墙时，不得损害边坡整体稳定性。

4.1.4　在实施加固工程时，需要同时解决坡体稳定性问题和坡面性能问题。只有在保证坡体稳定性的基础上，才容许实施坡面处理。

4.2　边坡处置实施原则

边坡处置时，需要考虑下述基本原则：

1　考虑设计对象所在场地的区域性构造形式，充分考虑地形、地质特点。

2　充分利用勘察成果。

3　充分考虑维护管理费用问题和将来公路等级提升问题。

4　充分考虑地表水、渗水和地下水问题。

5　充分注意施工期间出现的异常变形。

6　强调监测的作用，为公路维护期间迅速采取应对措施提供帮助。

7　充分利用和实施“一坡一档”。加固前，充分利用边坡以往的勘察和加固记录；加固完成后，需记录边坡加固工程的实施经过和验收结果。

8 充分考虑自然环境，注重生态文明。

4.3 加固工程方案设计

4.3.1 常见的稳定性问题

根据第3章的稳定性评估结果，对4类边坡应立即采取治理措施。

对于无挡土墙的边坡，常见的稳定性问题包括：岩质边坡的崩塌、沿结构面或软弱夹层的滑坡；土质边坡的滑坡和坍塌。

对于具有挡土墙的边坡，还应考虑挡土墙稳定性问题。

4.3.2 充分利用勘察成果

在实施处置工程前，应按照《公路工程地质勘察规范》(JTG C20—2011)和《岩土工程勘察规范》(GB 50021—2001)有关要求，由专业单位实行勘察。在通过工程地质调绘，掌握边坡所在地段的地貌特征、地质构造、地层层序、特殊性岩土和软弱夹层的位置、不良地质现象的类型和范围的基础上，进行勘探和试验工作。边坡工程勘探宜采用钻探、坑(井、槽)探与物探相结合的综合方法，必要时可辅以硐探。

边坡工程地质勘察应满足《公路工程地质勘察规范》(JTG C20—2011)的要求，并应查明下列内容：

1 地形地貌特征。

2 岩土体类型、成因、性状、风化程度、完整程度、分层厚度。

3 岩土体天然和饱水状态下物理力学性能(如重度γ，强度参数c、φ等)。

4 主要结构面(特别是软弱结构面)特征、组合关系、力学属性及其与临空面的关系。

5 气象、水文和水文地质条件。

6 不良地质现象的范围、性质和分布规律。

7 坡顶邻近建筑物的荷载、结构、基础形式、埋深及稳定状态。

4.3.3　确定应采取的加固措施

根据边坡存在的问题、具体的地质地形特征和施工的经济性可行性，确定加固措施。

1　针对挡土墙的问题，可参照表4-1采取措施。

挡土墙的问题及其工程措施　　表4-1

挡土墙问题	工程措施
勾缝脱落、表面风化	采用湿砌工艺砌筑挡墙，适当调整挡墙条石间缝隙；若勾缝脱落范围较大，块石无松动现象，可进行表面勾缝修补；当表面块石亦有松动时，可清除表面松动块石，再采用M10浆砌块石进行嵌补处理。对于嵌补厚度超过0.5m或高度超过2m的，开挖成台阶状嵌补
变形开裂	对墙体内部不密实处重新修筑，对挡墙基础进行处理；当变形开裂范围大且仍在继续发展时，由专业的边坡技术人员对边坡进行稳定性分析后，再进行加固治理
鼓胀凸肚、剪切断裂	挡墙自身的原因引起的挡墙鼓胀，则采用拆除变形位置片石后重新砌筑。由于坡体位移引起的挡墙鼓胀，由专业的边坡技术人员对边坡进行稳定性分析后，可考虑采用锚固工程进行加固
沉降错位、地基错台或空隙	重新计算、检算挡墙基础承载力。在进行挡墙病害处理时，应先对地基进行处理（加大挡墙基础的埋深、软基换填等）
倾斜、滑移	分析挡墙倾斜的原因，若由基础不均匀沉降，采用花管注浆处理；若挡墙受力变形，倾斜，进一步查明边坡稳定性，对挡墙墙身进行加固
损毁破坏、断裂坍塌	查明挡墙的破坏范围、发展趋势，重新计算墙后土压力，比较挡墙的形式，必要时可采用加强挡墙基础埋深、加大挡墙断面尺寸、墙身加筋等措施来提高挡墙的抗滑力。若产生原因由边坡变形造成的，应进行专项边坡加固设计
泄水孔不通、渗流涌水、墙后积水	挡墙泄水孔堵塞较严重时，应用采用机械或高压水枪疏通。当墙面渗水较严重时，应沿墙面出水位置隔一定距离（5～10m）增设仰斜排水孔；对墙面漫水的边坡应修复、完善墙顶排水沟，疏导墙顶水流流向截排水沟并排出坡外；对墙后积水的病害，可先回填、平整墙后土体，再增设排水沟
锚头锈蚀、渗水	对一般的锚头锈蚀，可涂漆进行防腐处理；渗水可重新进行注浆（环氧树脂砂浆），密实锚孔孔隙。当锚头锈蚀较严重时，应检测锚索（杆）的应力状态，若应力损失太大，应进行补偿张拉，张拉后再进行注浆处理；当渗水较严重时应考虑综合坡体排水措施
锚头断裂	锚头断裂说明锚固工程原有设计拉力不足，应重新计算，并考虑更大的安全度，增大锚索（杆）的设计拉力；若由于施工原因造成，如注浆不密实，锚索（杆）直径比原设计小，应进行返工处理

2 针对滑坡和崩塌,可参照表4-2 和表4-3 采取措施;针对坍塌,可主要参照滑坡的处置方法,采取相应的工程措施。

滑坡防治措施简表 表4-2

类 型	排 水 措 施	力学平衡措施
主要工程措施	1. 地表排水系统 (1)滑体外截水沟 (2)滑体内排水沟 2. 地下排水工程 (1)截水盲沟 (2)盲(隧)洞 (3)支撑盲沟 (4)边坡渗沟	1. 减重工程 2. 反压工程 3. 支挡工程 (1)抗滑挡墙 (2)挖孔抗滑桩 (3)钻孔抗滑桩 (4)锚索抗滑桩 (5)锚索 (6)支撑盲沟

崩塌防治措施简表 表4-3

类 型	力学平衡措施	力学平衡措施以外的类型
主要工程措施	1. 刷坡、削坡 2. 支挡 (1)危石支柱 (2)危石支挡墙 (3)锚索	1. 清除危石 2. 遮挡 (1)明硐 (2)棚硐 3. 拦截 (1)落石平台 (2)落石槽 (3)挡石墙 (4)SNS 网 4. 护墙、护坡 5. 镶补沟缝 6. 排水

3 根据加固工程的需要,可同时采取多种工程措施;在实施边坡加固时,宜一并实施坡面处置工程。

图4-1 所示为常见边坡稳定性问题与相应的处置养护对策。

<table>
<tr><th>问　题</th><th>对　策</th></tr>
<tr><td>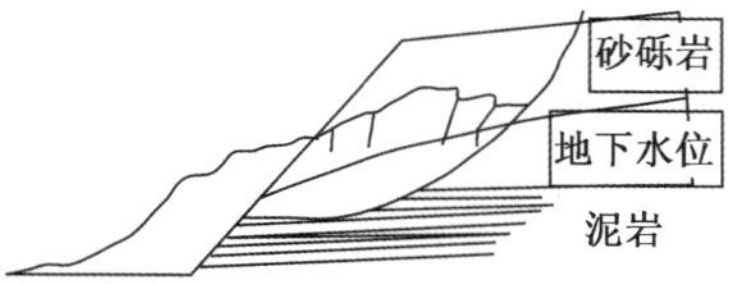

(1)沿透水性不同土层间产生的土质滑坡</td><td>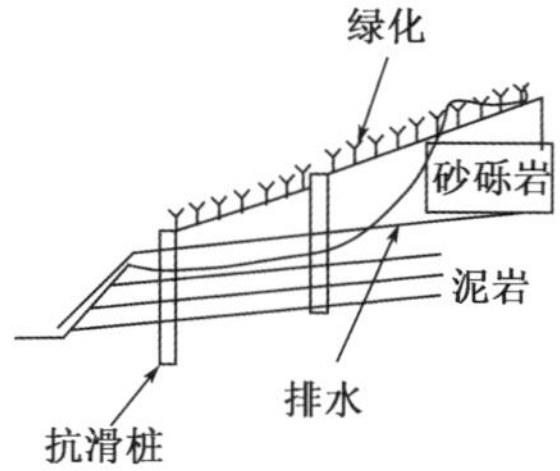

削坡+抗滑桩和排水+绿化</td></tr>
<tr><td>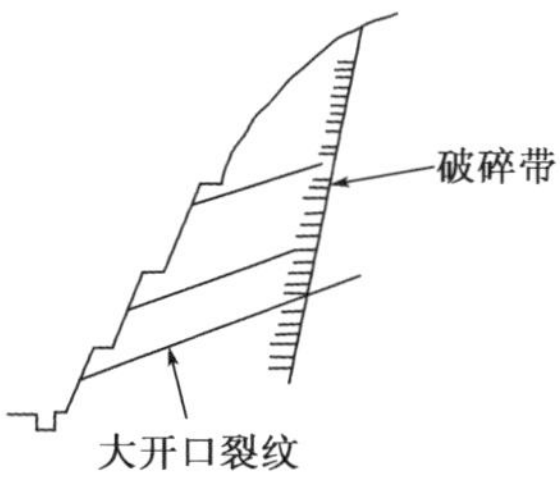

(2)沿破碎带产生的土质滑坡</td><td>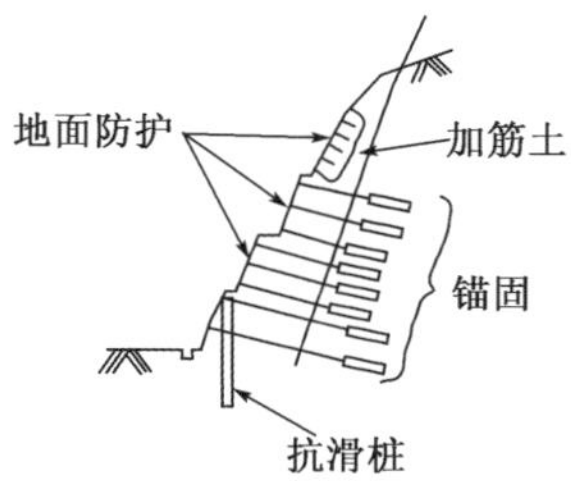

地面防护+锚固+抗滑桩+加筋土</td></tr>
<tr><td>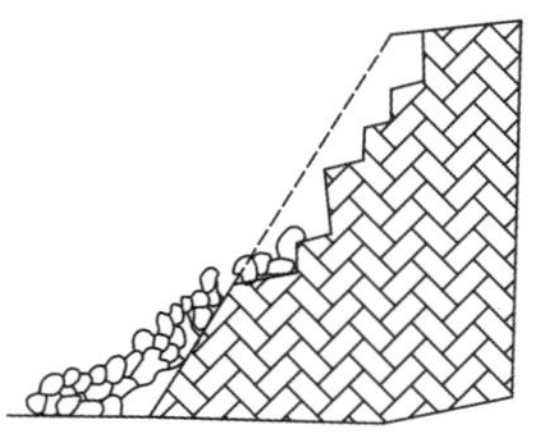
(3)沿透水性不同岩层间产生的岩质滑坡</td><td>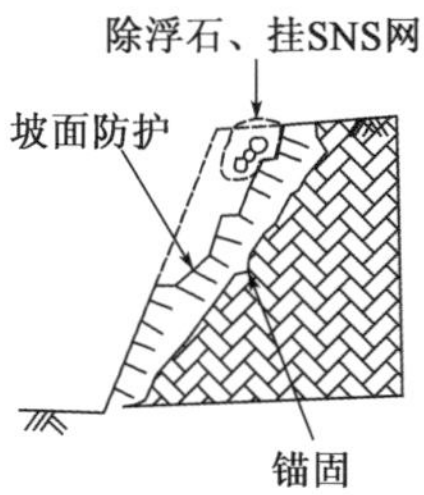

削坡+抗滑桩和排水+绿化</td></tr>
<tr><td>
(4)沿破碎带产生的岩质滑坡</td><td>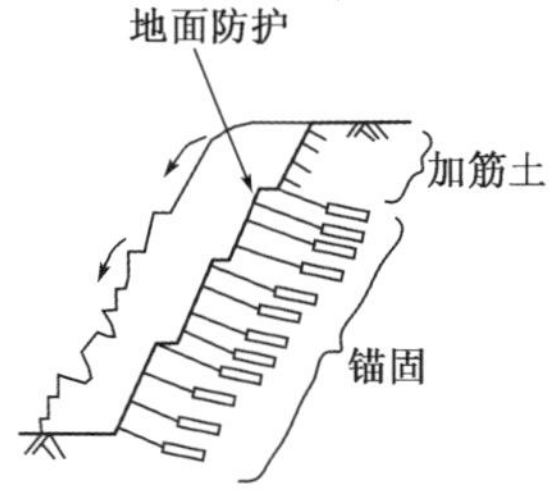

地面防护+锚固+抗滑桩+加筋土</td></tr>
</table>

图 4-1　常见边坡稳定性问题与相应的处置养护对策

4.3.4 方案设计的一般规定

1 边坡工程加固设计计算,应符合现行《公路路基设计规范》(JTG D30—2004)和《建筑边坡工程技术规范》(GB 50330—2013)的有关规定。其他常用的设计规范见表4-4。

常用的设计规范　　表4-4

设计计算	设计标准或规范
加固设计	《公路路基设计规范》(JTG D30—2004)
	《建筑边坡工程技术规范》(GB 50330—2013)
混凝土构件加固设计计算	《混凝土结构加固设计规范》(GB 50367—2013)
砌体构件加固设计计算	《砌体结构加固设计规范》(GB 50702—2011)
锚固构件加固设计计算	《岩土锚杆(索)技术规程》(CECS 22:2005)
截排水设计计算	《公路排水设计规范》(JTG/T D33—2012)

2 土质路堑边坡形式及坡率,应根据工程地质与水文地质条件、边坡高度、排水措施、施工方法,并结合自然稳定山坡和人工边坡的调查及力学分析综合确定。边坡坡率是边坡设计的关键指标之一,须符合《公路路基设计规范》(JTG D30—2004)的规定。

3 岩质路堑边坡形式及坡率,应根据工程地质与水文地质条件、边坡高度、施工方法,结合自然稳定边坡和人工边坡的调查综合确定,必要时可采用稳定分析方法予以检算。边坡坡率是边坡设计的关键指标之一,须符合《公路路基设计规范》(JTG D30—2004)的规定。

4 硬质岩石挖方路基,宜采用光面、预裂爆破技术。

5 边坡高度大于20m的软弱松散岩质路堑,宜采用分层开挖、分层防护和坡脚预加固技术。

6 当挖方边坡较高时,可根据不同的土质、岩石性质和稳定要求开挖成折线式或台阶式边坡,边沟外侧应设置碎落台,其宽度不宜小于1.0m;台阶式边坡中部应设置边坡平台,边坡平台的宽度不宜小于2m。

7　边坡坡顶、坡面、坡脚和边坡中部平台，应设置地表排水系统，各种地表排水设施的构造尺寸应按《公路路基设计规范》(JTG D30—2004)确定。

8　当边坡有积水湿地、地下水渗出或地下水露头时，应根据实际情况设置地下渗沟、边坡渗沟或仰斜式排水孔，或在上游沿垂直地下水流向设置拦截地下水的排水隧洞等排导设施。

9　根据边坡稳定情况和周围环境状况确定边坡坡面防护形式，边坡防护应采取工程防护与植物防护相结合，稳定性差的边坡应设置综合支挡工程。条件许可时，宜优先采用有利于生态环境保护的防护措施。

10　当土质挖方边坡高度超过 20m、岩石挖方边坡高度超过 30m 和不良地质地段路堑边坡，应按《公路路基设计规范》(JTG D30—2004)的有关规定，进行路基高边坡个别处理设计。

4.3.5　施工的一般规定

1　既有边坡加固工程，应根据其加固前现状、工程地质和水文地质、加固设计文件、鉴定结果、安全等级、边坡环境等条件编制施工方案，采取合理、可行、有效的措施保证施工安全。

2　对不稳定或欠稳定的边坡工程，应根据加固前边坡工程已发生的变形迹象、地质特征和可能发生的破坏模式等情况，采取有效措施增加边坡工程稳定性，确保施工安全，避免边坡工程状态进一步恶化。严禁无序大开挖或大爆破作业。

3　边坡加固工程施工组织设计，除按规定审核外，尚应经监理和业主单位等审查同意。

4　一级边坡加固工程施工采用的信息施工法，应符合国家现行标准《建筑边坡工程技术规范》(GB 50330—2013)的有关规定。二级边坡加固工程施工宜采用信息施工法。

5　严禁在边坡潜在塌滑区超量堆载，危及边坡工程稳定和安全。

6　边坡加固工程施工时,应采取有组织的截、排水措施,满足地下水、暴雨和施工用水等的排放要求,结合边坡工程的永久性排水措施进行。

7　施工时,应建立边坡工程变形观测点,进行自检观测。雨季施工时,应适当加大观测的频率。加固后的边坡工程应进行必要的监测、检查、维修和维护。

8　边坡加固工程施工质量的验收,应符合《建筑边坡工程技术规范》(GB 50330—2013)等国家、行业现行相关规范的有关规定。

4.4　坡面工程方案设计

4.4.1　常见的边坡坡面问题

根据第3章的坡面性能评估结果,对4类坡面应立即采取处置措施。

常见的自然边坡坡面问题有图4-2所列举的表面侵蚀、碎落、落石、渗水和风化等。人工边坡和自然边坡坡面问题照片,见图4-3~图4-7以及本指南附录四。

4.4.2　坡面处置措施方案的选取

根据坡面存在的问题、具体的地质地形特征和施工的经济性可行性,确定坡面处置措施。

常见的坡面处置养护措施包括:SNS防护网、截排水工程、石笼工程、格构、挡墙、喷护和植被防护。其中,推荐采用格构和植被防护;不提倡单独采用素喷。

根据坡面工程的需要,可以同时采取多种工程措施。坡面处置养护措施选定方法参考图4-2,选定流程参考图4-8。

在实施坡面工程时,不得损害边坡稳定性。

方案设计的一般规定参见国家、行业相关规范。

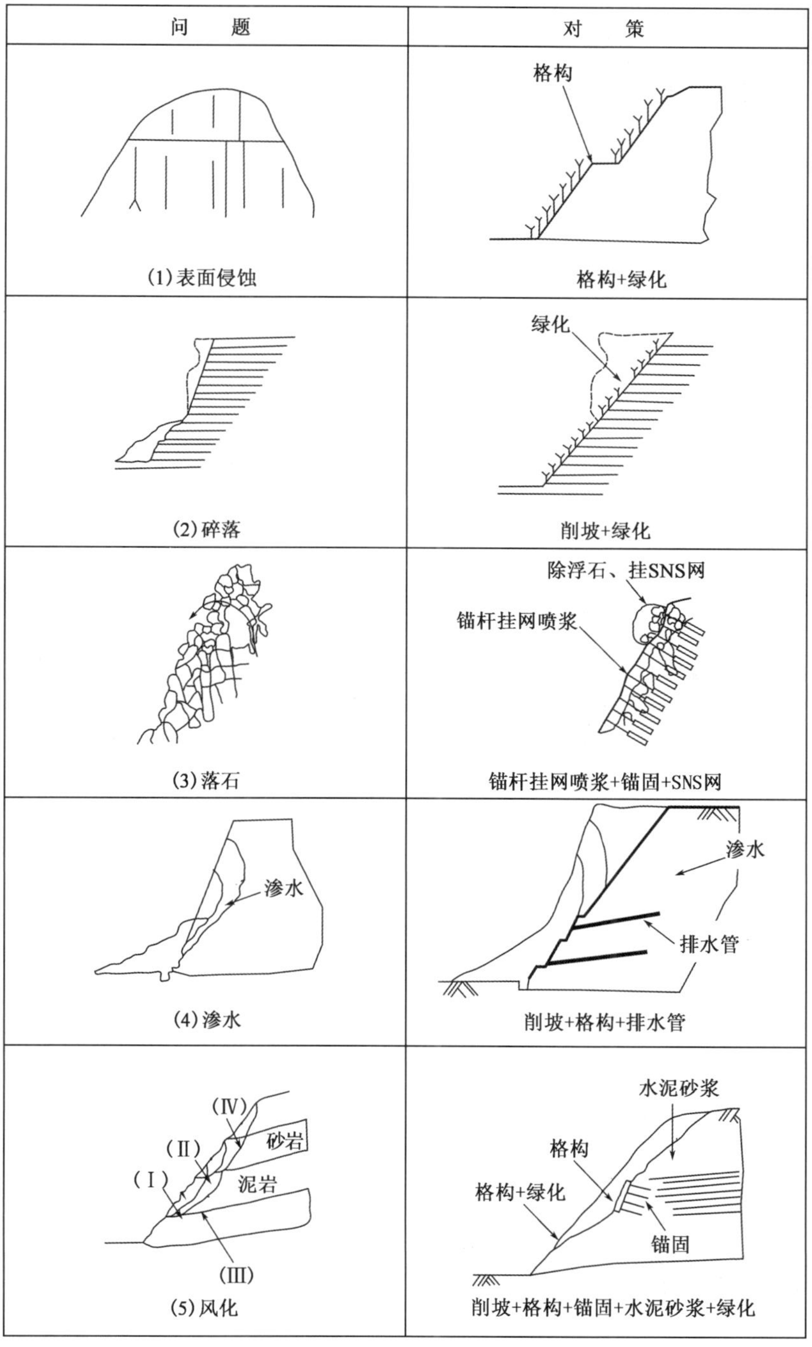

图 4-2　常见坡面问题与相应的处置养护对策

图 4-3　表面侵蚀

图 4-4　渗流渗水

图 4-5　坡面渗水

图 4-6　落石和碎落

4.4.3　植被防护绿化

为响应政府生态文化建设的号召，推荐在条件成熟的边坡工程中，实施植被防护，实现植被防护绿化。植被防护工程选定流程见图 4-9 ~ 图 4-11，其 windows 程序为“坡面养护安装程序.exe”（下载网址：http://www.ccpress.com.cn/Service/index.aspx? ClassId =334）。

图 4-7　风化、碎落和落石

适合于我国南方气候的绿化植物见本指南附录五。对于边坡坡度超过 30°的情况，建议采用灌木绿化。

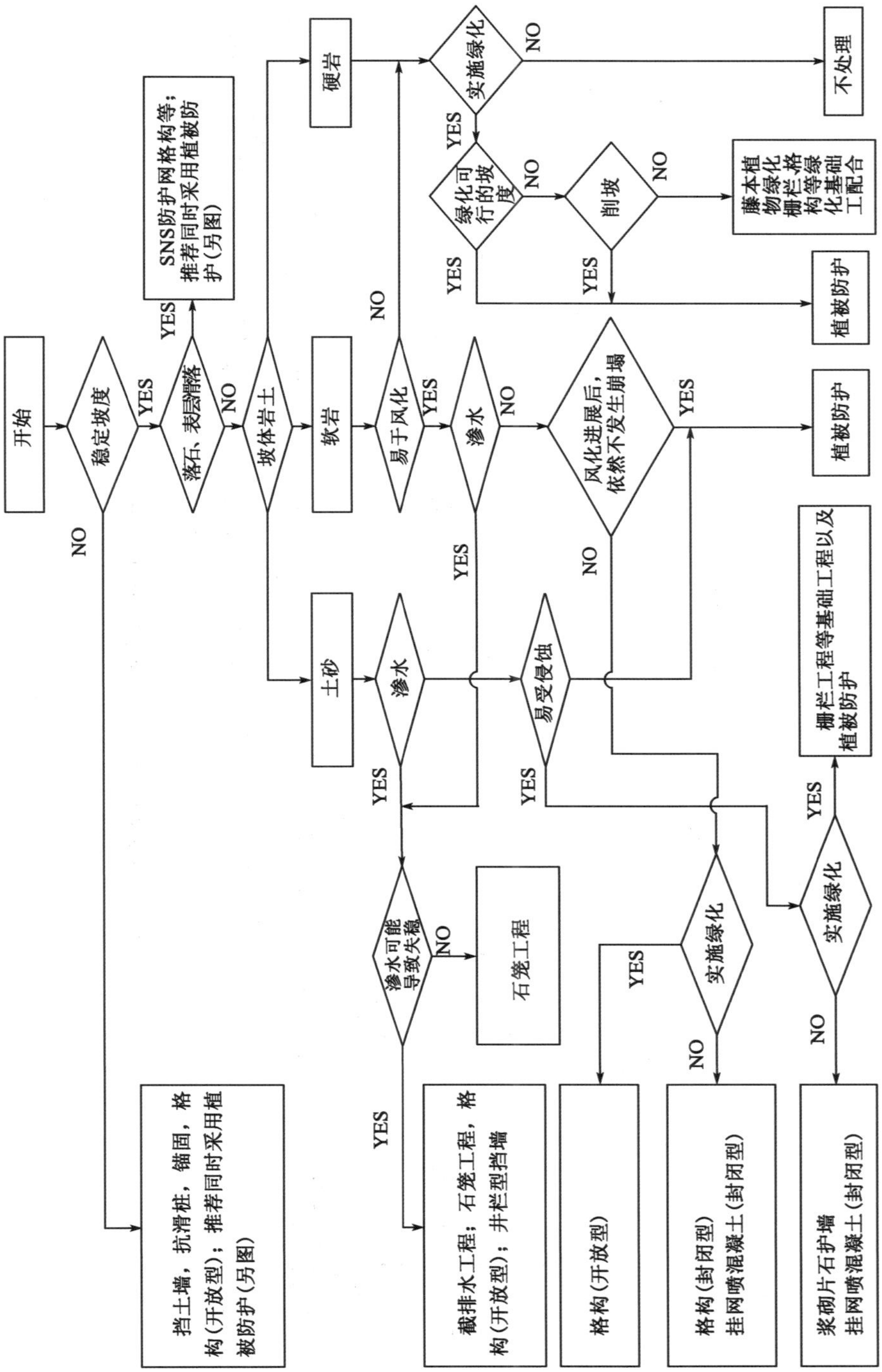

图4-8　坡面处置养护措施选定流程图

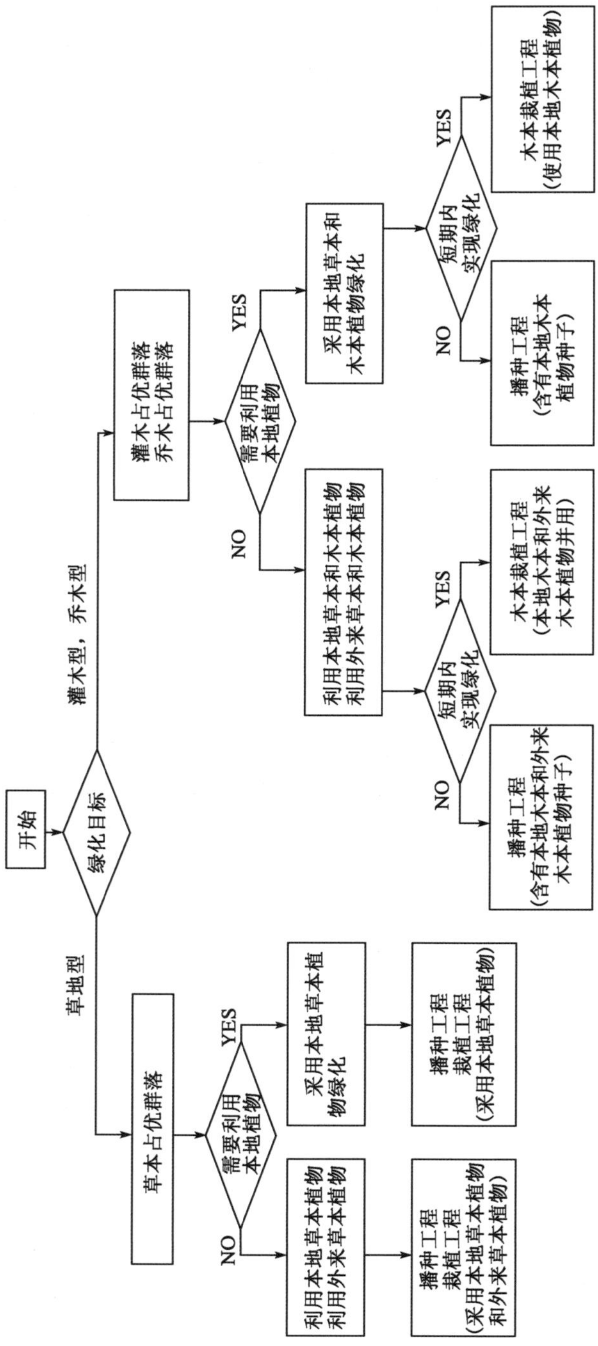

图4-9 植被防护选定流程图（根据绿化目标和植被种类）

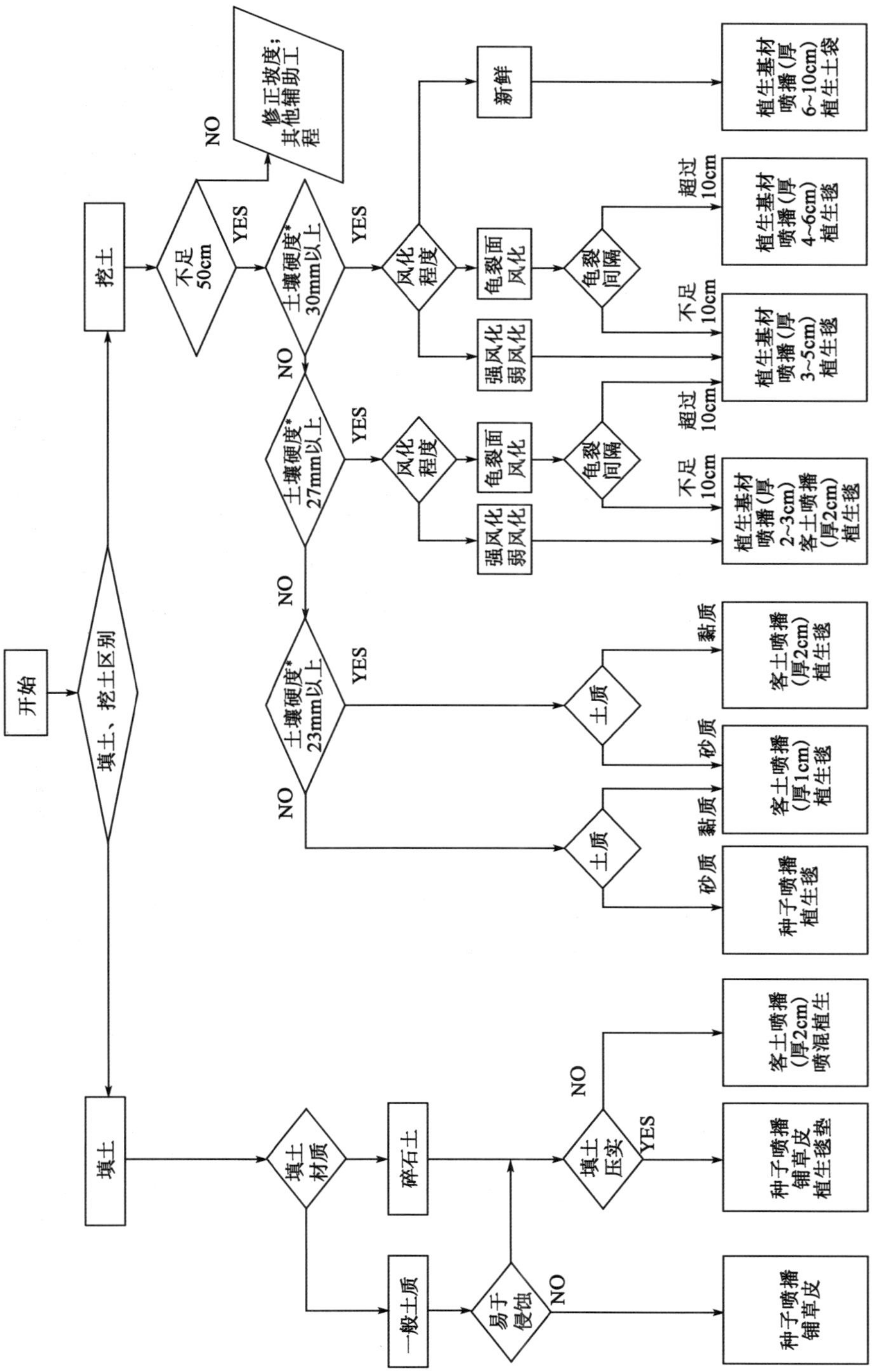

图4-10　根据坡面条件的植被防护工程选定流程图（草本类）

*注：土壤硬度用来量化土壤紧实程度，由土壤硬度计测定。

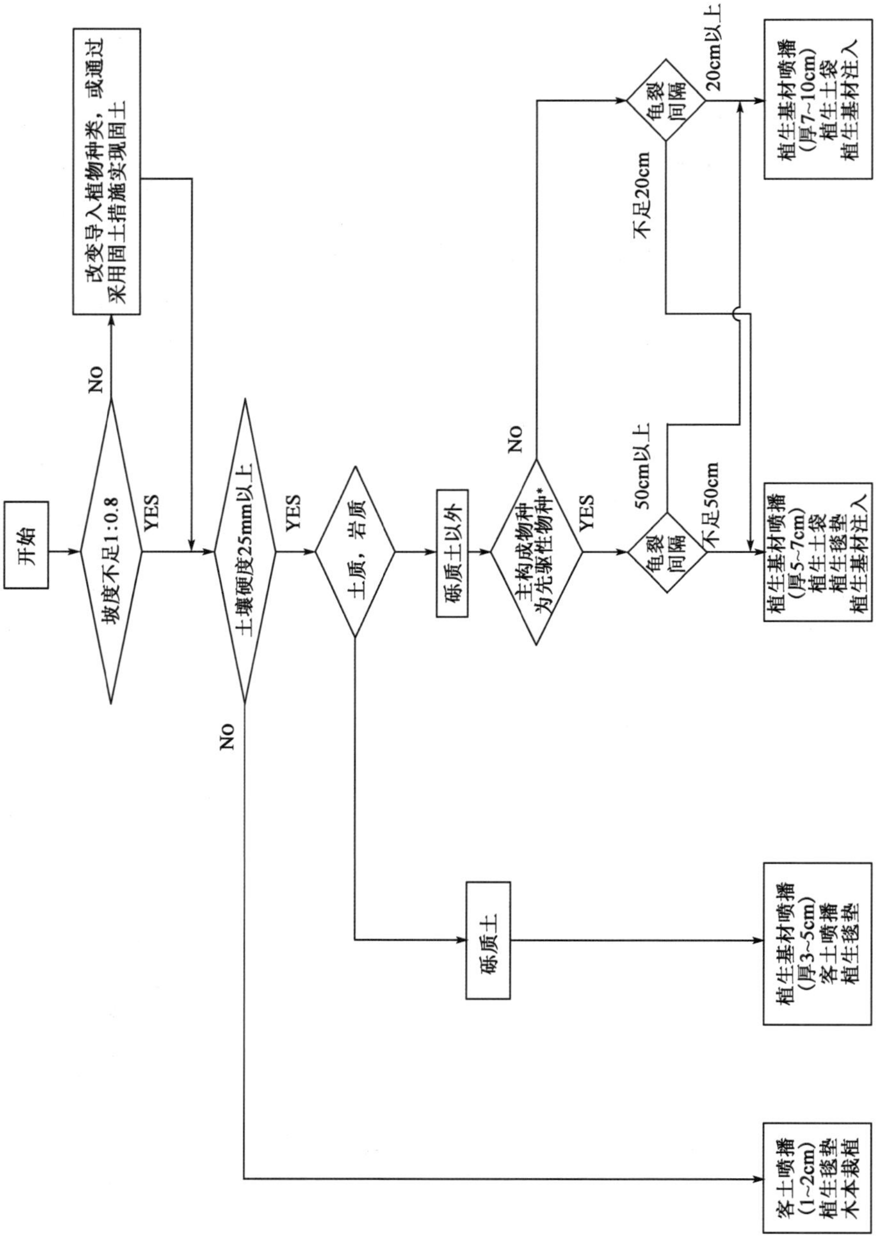

图4-11 根据坡面条件的植被防护工程选定流程图（木本类）

*注：先驱性物种是指在崩塌区等区域率先自然生长的物种。

第5章　日常巡查和建档

5.1　日常巡查

本指南所指日常巡查是指各级公路管理部门建立的边坡巡查队或其委托边坡养护单位建立的边坡巡查队对公路边坡开展的日常巡视。

各级公路管理部门主要依据边坡养护管理工程师的报告，对公路边坡实行日常管理和特殊情况下的应急处理。

5.2　边坡养护管理工程师职责

基层管理单位及养护单位可根据辖养路段边坡数量或基层机构设置情况，配置专兼职高边坡养护管理工程师。边坡养护管理工程师人数应满足工作要求。

边坡管理工程师在单位行政和技术负责人的领导下，为保障日常巡查工作的顺利开展，履行以下职责：

1　按照相关规定及时、全面掌握辖区内边坡的安全风险状况，及时报告边坡安全隐患，协助行政领导采取有效措施，保障边坡运营安全。

2　边坡养护管理工程师主办辖区内公路边坡养护管理的技术工作，指导基层及边坡养护管理单位边坡工程师工作，监督、检查边坡养护管理单位边坡巡检人员或边坡养护管理工程师职责履行情况。

3　提出辖区内边坡养护管理工作计划，并监督实施。

4　按规定复核、抽检日常巡检、定期检查等边坡评定工作。

5　提出边坡维修、稳定性评估、专项检查建议，参与制订边坡大中修技术方案和对策措施，并组织审验其科学合理性。

6 组织边坡专项工程的实施，组织边坡专项工程的中间检查和交(竣)工验收。

7 负责边坡信息管理系统数据更新，编制年度边坡防控管理报告。

8 提出辖区内边坡养护管理工程师及有关技术人员技术业务培训建议。

5.3 巡检内容和要求

5.3.1 巡检内容

巡检内容包括常规内容和重点内容，具体介绍如下。

1 巡检常规内容包括以下3个大的项目。

1) 排水设施检查

a. 检查路堑边沟、平台排水沟、截水沟、急流槽等是否淤积、是否破裂漏水、是否冲刷损毁、沟涵是否相连、排水是否顺畅；

b. 沟渠断面和尺寸是否满足排水要求；

c. 沟外边坡是否稳定；

d. 地表及地下排水设施是否有效。

2) 防护工程检查

a. 挂网植草防护检查。检查植物的发育状态以及病虫害，地下水及地表水流出状况；草皮护坡有无局部的冲空现象；坡面及坡顶有无裂缝、隆起等异常现象；坡面及坡顶的砂土等堆积状况。

b. 圬工挡墙检查。检查挡墙是否出现裂缝、倾斜、空鼓、变形、滑动、下沉，表面有无风化、压顶破损、勾缝脱落等现象；检查是否有漏水、渗水现象，泄水孔是否有效，基础是否受到冲刷或下沉。

c. 锚固工程检查。对锚索(杆)框架整治的边坡，应定期检查被加固的岩土体有无发生变形破坏；混凝土外锚墩是否有变形开裂，框架是否位移、下错；锚垫是否有移动，锚具脱落或松动；框格内是否有积水，锚头是否有积水、锈蚀，锚垫板是否生锈；框架是否有蜂窝麻面等施工“后遗症”，当框架出现断梁筋时，应查明缘由。

d. 锚喷防护检查。检查喷锚面是否出现裂缝；喷锚面是否出现掉块及鼓胀；喷锚锚筋是否出现露筋。

e. SNS 柔性网防护检查。检查 SNS 柔性网的锚头是否封闭锈蚀；柔性网内是否存在落石兜集；柔性网是否紧贴坡面；柔性网是否破坏。

3）　其他

a. 检修道是否设置，是否有破损、变形；

b. 日常巡检是否满足要求；

c. 日常巡检发现问题维修是否满足要求；

d. 巡检中常见的坡面工程问题，如图 5-1 所示。

2　巡检重点内容包括以下 5 种情形。对此，应根据附录六中各情形相应“注意点”的要求，做进一步的工作。

1）　削坡边坡前缘的路面隆起、坡面水平方向平移、边沟变形。

2）　砌筑挡土墙沿砌缝发生的水平方向的裂缝或鼓胀。

3）　喷护等混凝土构造物上出现的水平裂缝。

4）　相邻坡面发生小规模破坏。

5）　SNS 内发现新的落石。

5.3.2　巡检要求

对巡检中发现的异常现象，要有拍照记录，尤其是边坡新增裂缝、锚固件破损和挡土墙破损情况。对垮塌量、裂缝张开量、关键部位位移量、渗水流量和植被变动要有定量说明。尤其要注意和记录附录六中的边坡异常情况，并做初步的机理分析。工程师巡检内容及记录见表 5-1。建议定量记录垮塌量、裂缝张开量、关键部位位移量、渗水流量和植被变动等。

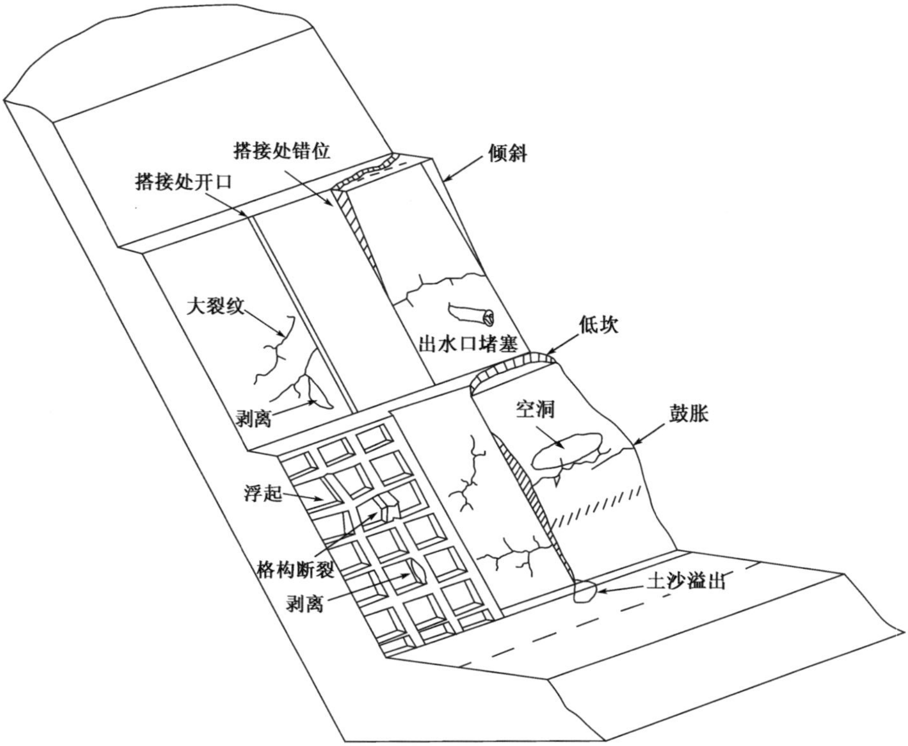

图 5-1　坡面工程常见问题

工程师巡检内容及记录　　　　表 5-1

<table>
<tr><td>编号</td><td colspan="2"></td><td colspan="2">坡号</td><td colspan="3"></td></tr>
<tr><td>方向</td><td colspan="2"></td><td colspan="2">评定等级</td><td colspan="3"></td></tr>
<tr><td rowspan="2">序号</td><td rowspan="2" colspan="2">巡检内容</td><td colspan="5">位置（对存在问题的对应打“√”）</td></tr>
<tr><td>挡墙</td><td>一级坡面</td><td>二级坡面</td><td>三级以上坡面</td><td>坡顶</td></tr>
<tr><td rowspan="2">1</td><td rowspan="2">截排水工程</td><td>边沟、平台排水沟、急流槽、截水沟有无堵塞或杂物、开裂、变形</td><td></td><td></td><td></td><td></td><td></td></tr>
<tr><td>坡面泄水孔、深层泄水孔是否堵塞</td><td></td><td></td><td></td><td></td><td></td></tr>
</table>

续上表

<table>
<tr><td>编号</td><td colspan="2"></td><td colspan="2">坡号</td><td colspan="3"></td></tr>
<tr><td>方向</td><td colspan="2"></td><td colspan="2">评定等级</td><td colspan="3"></td></tr>
<tr><td rowspan="2">序号</td><td colspan="2" rowspan="2">巡检内容</td><td colspan="5">位置(对存在问题的对应打“√”)</td></tr>
<tr><td>挡墙</td><td>一级坡面</td><td>二级坡面</td><td>三级以上坡面</td><td>坡顶</td></tr>
<tr><td rowspan="3">2</td><td rowspan="3">普通防护工程</td><td>护面墙或框格等防护有无裂缝、倾斜、空鼓、变形、滑动、下沉,压顶破损、勾缝脱落</td><td></td><td></td><td></td><td></td><td></td></tr>
<tr><td>坡面有无漏水、渗水现象</td><td></td><td></td><td></td><td></td><td></td></tr>
<tr><td>基础是否有冲刷或下沉</td><td></td><td></td><td></td><td></td><td></td></tr>
<tr><td rowspan="3">3</td><td rowspan="3">柔性防护工程</td><td>SNS 防护网及被动防护网无破损</td><td></td><td></td><td></td><td></td><td></td></tr>
<tr><td>网内有无落石兜集</td><td></td><td></td><td></td><td></td><td></td></tr>
<tr><td>锚头或锚固点是否松动或锈蚀</td><td></td><td></td><td></td><td></td><td></td></tr>
<tr><td rowspan="3">4</td><td rowspan="3">喷浆防护工程</td><td>喷锚面有无裂缝</td><td></td><td></td><td></td><td></td><td></td></tr>
<tr><td>喷锚面有无掉块及鼓胀</td><td></td><td></td><td></td><td></td><td></td></tr>
<tr><td>喷锚面有无渗水现象</td><td></td><td></td><td></td><td></td><td></td></tr>
<tr><td rowspan="3">5</td><td rowspan="3">支挡工程</td><td>挡墙、抗滑桩墙、桩板墙等有无裂缝、倾斜、空鼓、滑动、下沉,压顶破损、勾缝脱落</td><td></td><td></td><td></td><td></td><td></td></tr>
<tr><td>墙体有无漏水、渗水现象</td><td></td><td></td><td></td><td></td><td></td></tr>
<tr><td>基础有无冲刷或下沉</td><td></td><td></td><td></td><td></td><td></td></tr>
<tr><td rowspan="5">6</td><td rowspan="5">锚固工程</td><td>混凝土外锚墩是否有变形开裂</td><td></td><td></td><td></td><td></td><td></td></tr>
<tr><td>框架是否位移、下错</td><td></td><td></td><td></td><td></td><td></td></tr>
<tr><td>锚垫是否有移动,锚具脱落或松动</td><td></td><td></td><td></td><td></td><td></td></tr>
<tr><td>锚头有无积水、锈蚀</td><td></td><td></td><td></td><td></td><td></td></tr>
<tr><td>锚垫板有无生锈</td><td></td><td></td><td></td><td></td><td></td></tr>
<tr><td rowspan="2">7</td><td rowspan="2">植被防护工程</td><td>坡面绿化、植草或防护工程覆盖有无局部坍塌或冲空现象</td><td></td><td></td><td></td><td></td><td></td></tr>
<tr><td>坡面有无雨水冲刷痕迹,有无明显渗水现象</td><td></td><td></td><td></td><td></td><td></td></tr>
<tr><td rowspan="2">8</td><td rowspan="2">坡体病害</td><td>坡面及坡顶有无裂缝、危石、冲刷</td><td></td><td></td><td></td><td></td><td></td></tr>
<tr><td>坡面有无坍塌、变形、滑动、隆起</td><td></td><td></td><td></td><td></td><td></td></tr>
<tr><td>9</td><td>其他</td><td>检修道及扶手是否完好、破损</td><td></td><td></td><td></td><td></td><td></td></tr>
</table>

5.4 巡检周期与时间

根据第3章确定的边坡类别,建议巡检周期如表5-2所示。

工程师巡检周期 表5-2

边 坡 类 别	巡(抽)检周期或频率
一 类	每半年不少于1次
二类、三类	每季度不少于1次
四类及重点边坡、特殊边坡	每月至少1次

说明:

(1)对日常巡检发现的问题应在收到报告10天内进行现场核实,简易观测频率不低于每月一次。在台风引发的暴雨过后,应对边坡实施一次巡检。

(2)基层单位、养护单位的边坡管理工程师管理工程师对边坡的巡检应符合巡检周期的要求。

(3)在巡(抽)检范围及频率上,基层单位边坡管理工程师应保证对承养路段边坡巡检为100%,养护单位边坡管理工程师抽(巡)检覆盖率应分别不少于管养范围内边坡数量的30%和10%。

5.5 建档

对于高度高于5m的边坡,要求建档。边坡技术档案内容要求见表5-3。

边坡技术档案内容要求 表5-3

序号	档 案 内 容	说 明
一	养护管理制度	上级或本单位发布边坡养护管理制度、办法、文件、会议纪要等
二	基础数据表	见表5-1
三	交(竣)验收资料	设计文件、竣工图纸、交(竣)工验收文件(路线平面图、边坡断面图、水文地质资料)、设计中重大技术问题往来文件(曾经发生过工程险情资料)、会议纪要等

续上表

序号	档案内容	说明
四	施工资料	开挖照片、施工过程的滑坡记录等
五	边坡养护管理文件	养护单位资料、巡检资料（日常巡查、工程师检查、定期检查、特殊检查、变形监测）、突发事件、隐患维修治理等
六	边坡管理工程师和专家库资料	个人简历、聘书、考核记录等

附录一　公路边坡检查评价表（挡土墙）

公路边坡检查评价表(挡土墙)

（第1页/共4页）

<table>
<tr><td>边坡编号</td><td colspan="3"></td></tr>
<tr><td>调查人员</td><td colspan="3"></td></tr>
<tr><td>调查时间</td><td colspan="3"></td></tr>
<tr><td rowspan="2">降水情况</td><td>72h 内降水量(mm)</td><td></td><td rowspan="2">降水信息来源：
□气象台　□实测　□估测</td></tr>
<tr><td>最大小时降水量(mm)</td><td></td></tr>
<tr><td colspan="4">挡土墙现状：</td></tr>
<tr><td>1. 裂缝</td><td>2. 水平移动</td><td>3-1. 墙体错位</td><td>3-2. 墙体开裂</td></tr>
<tr><td>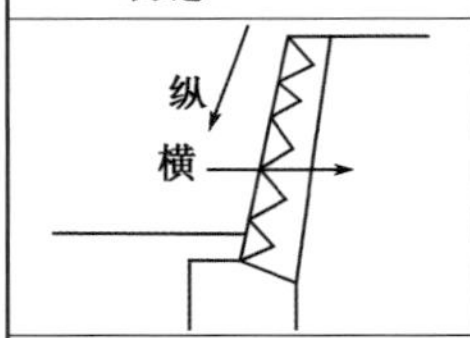</td><td>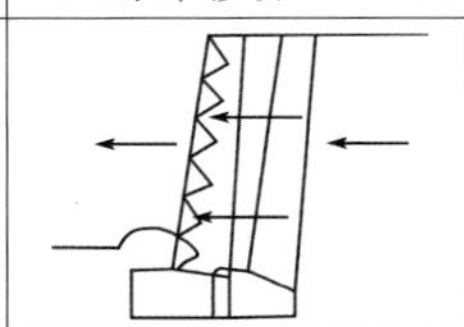</td><td>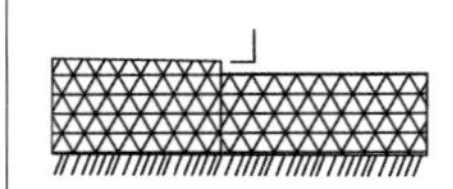</td><td>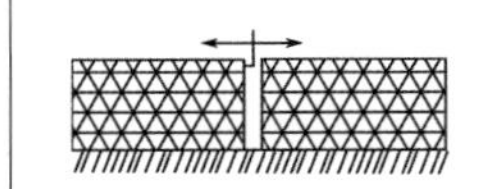</td></tr>
<tr><td>4. 鼓胀</td><td>5-1. 倾斜</td><td>5-2. 倒塌</td><td>6. 折损</td></tr>
<tr><td>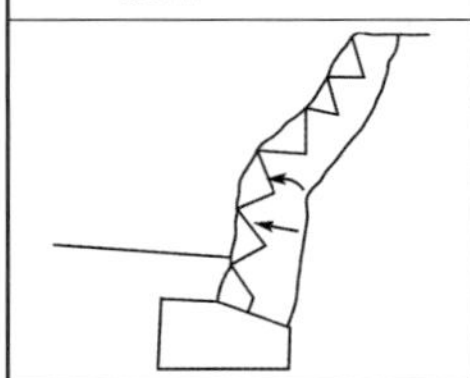</td><td>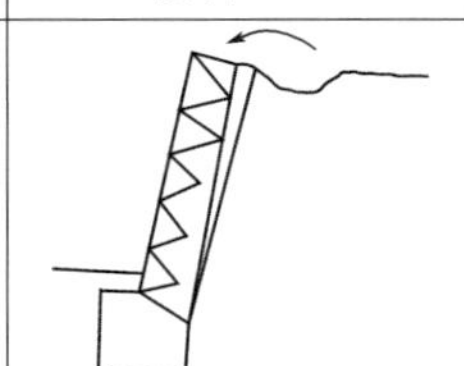</td><td>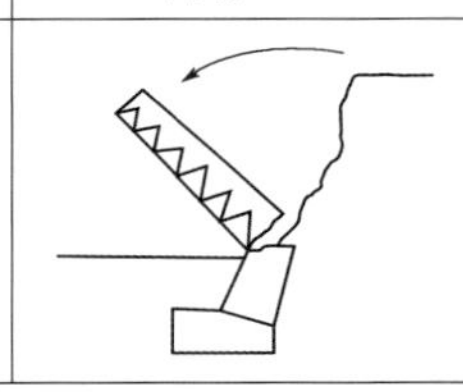</td><td>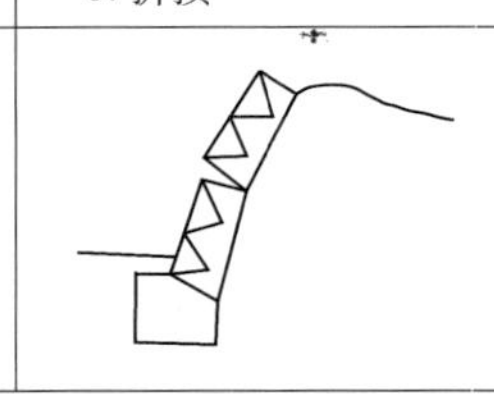</td></tr>
<tr><td>7. 崩塌</td><td colspan="3" rowspan="2"></td></tr>
<tr><td>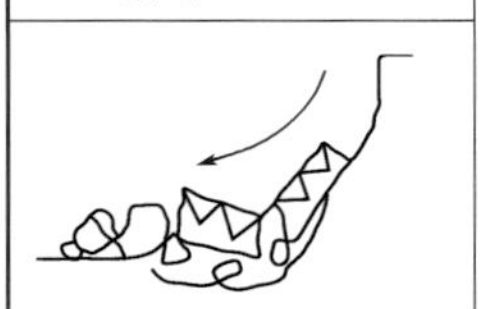</td></tr>
<tr><td colspan="4">平面图　　　　　　　　断面图
（图中标明与道路的位置关系）</td></tr>
</table>

公路边坡检查评价表（挡土墙）

（第 2 页/共 4 页）

<table>
<tr><td rowspan="4">基本分</td><td>涌水</td><td colspan="12">干燥:0　　湿润:0.4　　有水流出:0.8</td></tr>
<tr><td>排水设施</td><td colspan="12">泄水孔、截水沟完好,地表水难于渗入坡面:0
泄水孔完好,但地表水容易渗入坡面:　0.4
无泄水孔,或者泄水功能丧失:　0.8</td></tr>
<tr><td rowspan="2">挡墙高度</td><td colspan="3">$H \leqslant 1m$</td><td colspan="2">$1m < H \leqslant 3m$</td><td colspan="3">$3m < H \leqslant 4m$</td><td colspan="2">$4m < H \leqslant 5m$</td><td colspan="2">$H > 5m$</td></tr>
<tr><td colspan="3">0</td><td colspan="2">0.1</td><td colspan="3">0.2</td><td colspan="2">0.3</td><td colspan="2">0.4</td></tr>
<tr><td rowspan="15">破损分</td><td rowspan="2">挡土墙类型</td><td colspan="3">①混凝土挡墙</td><td colspan="2">②浆砌石挡墙</td><td colspan="5">③带连续梁的浆砌石挡墙或干砌墙</td><td colspan="2">④其他</td></tr>
<tr><td colspan="3"></td><td colspan="2"></td><td colspan="5"></td><td colspan="2"></td></tr>
<tr><td rowspan="2">破损度</td><td colspan="4">小</td><td colspan="4">中</td><td colspan="4">大</td></tr>
<tr><td>①</td><td>②</td><td>③</td><td>④</td><td>①</td><td>②</td><td>③</td><td>④</td><td>①</td><td>②</td><td>③</td><td>④</td></tr>
<tr><td>1. 裂缝</td><td>1</td><td>3</td><td></td><td></td><td>2.5</td><td>4</td><td></td><td></td><td>4</td><td>6</td><td></td><td></td></tr>
<tr><td>2. 水平位移</td><td>2</td><td>3.5</td><td></td><td></td><td>3.5</td><td>4.5</td><td></td><td></td><td>5</td><td>6</td><td></td><td></td></tr>
<tr><td>3. 墙体错位、开裂</td><td>3</td><td>4</td><td></td><td></td><td>4.5</td><td>6</td><td></td><td></td><td>6</td><td>8</td><td></td><td></td></tr>
<tr><td>4. 鼓胀</td><td>/</td><td>5</td><td></td><td></td><td>/</td><td>7</td><td></td><td></td><td>/</td><td>9</td><td></td><td></td></tr>
<tr><td>5. 倾斜、倒塌</td><td>5</td><td>6</td><td></td><td></td><td>7</td><td>8</td><td></td><td></td><td>8</td><td>10</td><td></td><td></td></tr>
<tr><td>6. 折损</td><td>6</td><td>7</td><td></td><td></td><td>7</td><td>9</td><td></td><td></td><td>8</td><td>10</td><td></td><td></td></tr>
<tr><td>7. 崩塌</td><td>/</td><td>9</td><td></td><td></td><td>/</td><td>10</td><td></td><td></td><td>/</td><td>10</td><td></td><td></td></tr>
<tr><td>8. 连续梁或支柱损伤</td><td>/</td><td>/</td><td>7</td><td></td><td>/</td><td>/</td><td>9</td><td></td><td>/</td><td>/</td><td>10</td><td></td></tr>
<tr><td>9. 地基和基础的破损</td><td colspan="12">10</td></tr>
<tr><td>10. 排水设施破损</td><td colspan="4">3</td><td colspan="4">5</td><td colspan="4">7</td></tr>
<tr><td>11. 挡土墙背面水管破裂</td><td colspan="12">10</td></tr>
</table>

公路边坡检查评价表(挡土墙)

(第3页/共4页)

破损类型及说明 \ 破损度		小	中	大
破损程度说明	1. 裂缝(宽)	有不足2mm的裂缝,但不影响正常使用	2mm~不足2cm(混凝土挡土墙:2mm~不足5mm)	2cm以上(混凝土挡土墙:5mm以上
	2. 水平移动(伸缩缝前后错位)	不足5mm的裂隙(位移)	5mm~不足5cm的裂隙(位移)	5cm以上的裂隙(位移)
	3. 墙体错位、开裂(墙体上下、前后错位;或左右开裂)	不足5mm的墙体错位或开裂	5mm~不足5cm错位或开裂	5cm以上的墙体错位或开裂,可能进一步滑动、倾倒
	4. 鼓胀(张拉裂缝、错位、块石掉落)	小规模的鼓胀和块石掉落	鼓胀规模较大,但无圆弧滑动面	可能有圆弧滑动面
	5. 倾斜、倒塌	墙面倾斜,但未超出竖直面(混凝土挡土墙顶端倾斜产生的位移在5cm以内)	墙面倾斜,且超出竖直面(混凝土挡土墙顶端倾斜产生的位移在5cm以上)	挡土墙前倾倒塌,机能丧失
	6. 折损(由斜裂纹和横向裂纹引起,但不是引起鼓胀,而是形成钝角形式的弯折)	由裂缝引起的弯折角度很小(混凝土挡土墙会略微前倾)	由裂缝引起的弯折角度明显,块石松动(混凝土挡土墙有小幅前倾)	由裂缝引起的弯折角度非常明显(混凝土挡土墙明显前倾,或者出现剪切破坏、后倾)
	7. 崩塌	在中上部已形成滑动面	在基础部分,滑动面已贯通	挡土墙机能完全丧失
	8. 连续梁损伤	连续梁上出现裂纹	混凝土掉块、露出钢筋	连续梁剪切破坏
	9. 地基和基础的破损	大规模的沉降、裂缝		
	10. 排水设施破损	挡土墙顶部的截水沟出现错位、缺陷,或者坡顶部分的坡面可见明显裂缝	挡土墙的裂缝或者勾缝处有涌水	泄水孔破损、堵塞,丧失排水功能
	11. 挡土墙背面水管破裂	水从破裂处流出		

公路边坡检查评价表（挡土墙）

（第4页/共4页）

<table>
<tr><td>破损度指标
（基本分＋最大破损分）</td><td>基本分＋ 最大破损分
☐ ＋ ☐ ＝ ☐</td><td>破损度判断：
小于或等于4.5分：破损度小，无直接危险；
大于4.5分～小于或等于8.5分：破损度中，通行需谨慎；
大于8.5分：破损度大，危险</td></tr>
<tr><td>破损度判断</td><td colspan="2">☐大　☐中　☐小</td></tr>
<tr><td>重要度判断标准</td><td colspan="2">取以下5项中重要度最大者作为判断标准：
（1）属于隧道口边坡（大）
（2）若发生破坏，可能会造成10人以上伤亡（大）；1人～小于10人（中）；无人（小）
（3）若发生破坏，可能会造成严重交通拥堵（大）；中度交通拥堵（中）；无交通拥堵（小）
（4）可能会造成大面积滑坡（$>500m^3$）（大）
（5）预估年度维护费达到改造费的20%（大）；5%～小于20%（中）；小于5%（小）</td></tr>
<tr><td>重要度判断</td><td colspan="2">☐大　☐中　☐小</td></tr>
<tr><td>紧急度判断</td><td>☐大　☐中　☐小</td><td>判断标准：本次破损度与上次破损度评估相比，破损度分值上升2以上（大）；1～2（中）；0（小）</td></tr>
</table>

调查人员检查评价结论：________________

公路边坡检查评价表(挡土墙)[示例]

(第 1 页/共 3 页)

边坡编号	××线 K×××+××边坡		
调查人员	张三		
调查时间	2015 年 7 月 2 日		
降水情况	72h 内降水量(mm)	100	降水信息来源:
	最大小时降水量(mm)	36	√气象台 □实测 □估测

挡土墙现状:

1. 裂缝

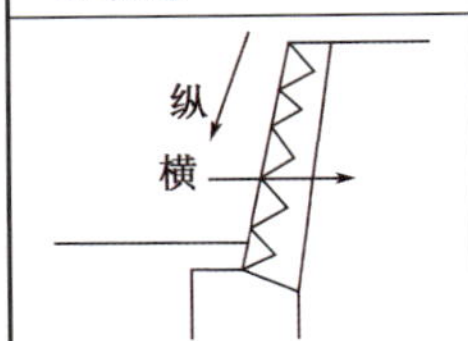

2. 水平移动

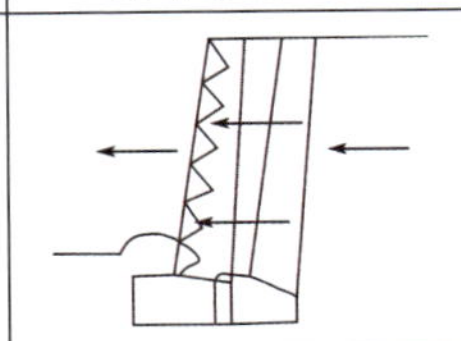

3-1. 墙体错位

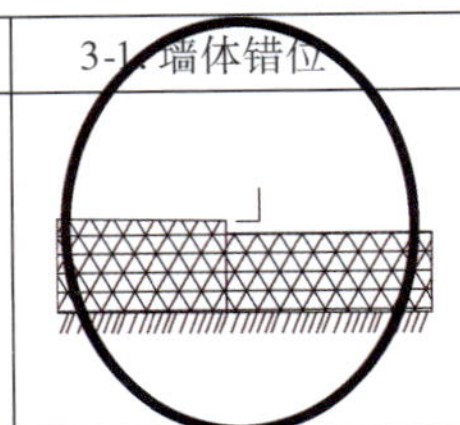

3-2. 墙体开裂

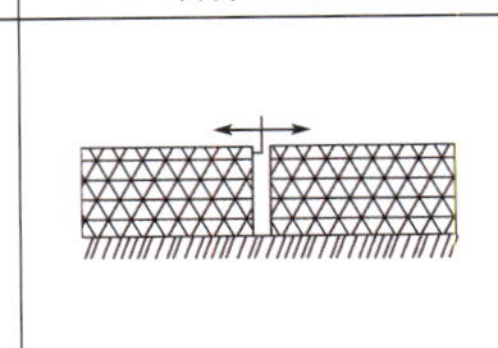

4. 鼓胀

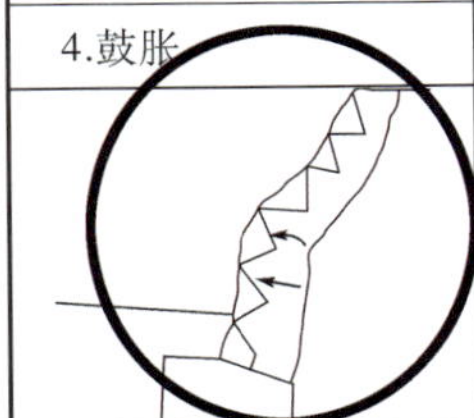

5-1. 倾斜

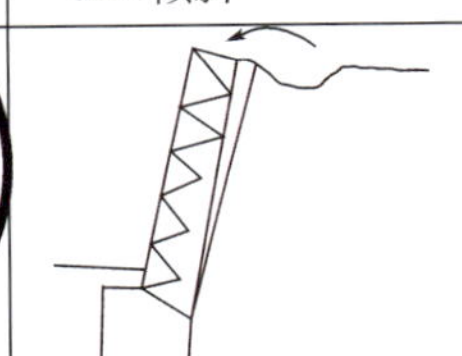

5-2. 倒塌

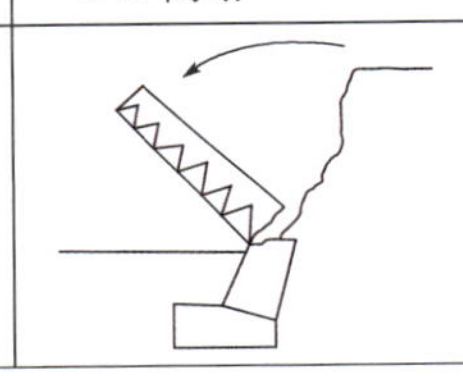

6. 折损

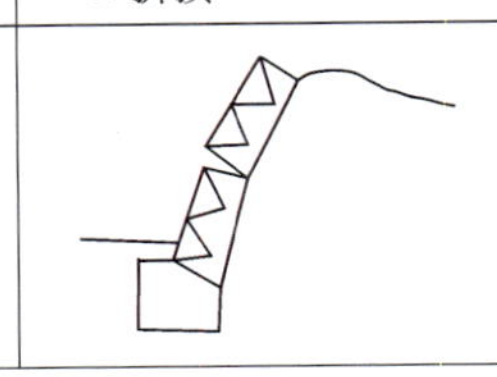

7. 崩塌

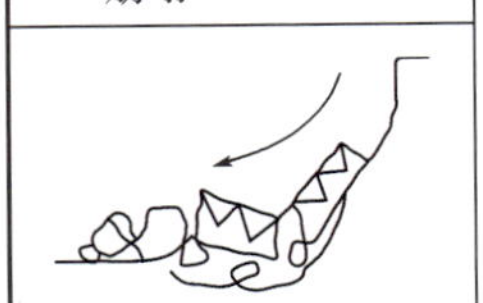

平面图

照片

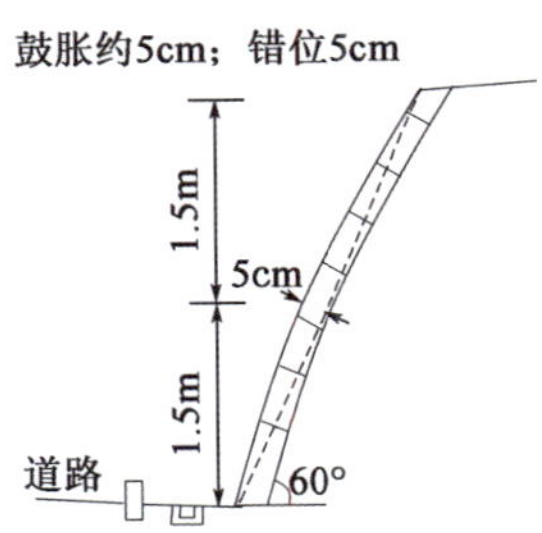

断面图

(图中标明与道路的位置关系)

公路边坡检查评价表（挡土墙）[示例]

（第 2 页/共 3 页）

<table>
<tr><td rowspan="4">基本分</td><td>涌水</td><td colspan="12">干燥:0　湿润:0.4　有水流出:0.8</td></tr>
<tr><td>排水设施</td><td colspan="12">泄水孔、截水沟完好,地表水难于渗入坡面:0
泄水孔完好,但地表水容易渗入坡面:　0.4
无泄水孔,或者泄水功能丧失:　0.8</td></tr>
<tr><td rowspan="2">挡墙高度</td><td colspan="3">$H \leqslant 1m$</td><td colspan="2">$1m < H \leqslant 3m$</td><td colspan="2">$3m < H \leqslant 4m$</td><td colspan="2">$4m < H \leqslant 5m$</td><td colspan="3">$H > 5m$</td></tr>
<tr><td colspan="3">0</td><td colspan="2">0.1</td><td colspan="2">0.2</td><td colspan="2">0.3</td><td colspan="3">0.4</td></tr>
<tr><td rowspan="16">破损分</td><td rowspan="2">挡土墙类型</td><td colspan="2">①混凝土挡墙</td><td colspan="2">②浆砌石挡墙</td><td colspan="6">③带连续梁的浆砌石挡墙或干砌墙</td><td colspan="2">④其他</td></tr>
<tr><td colspan="2"></td><td colspan="2">√</td><td colspan="6"></td><td colspan="2"></td></tr>
<tr><td rowspan="2">破损度</td><td colspan="4">小</td><td colspan="4">中</td><td colspan="4">大</td></tr>
<tr><td>①</td><td>②</td><td>③</td><td>④</td><td>①</td><td>②</td><td>③</td><td>④</td><td>①</td><td>②</td><td>③</td><td>④</td></tr>
<tr><td>1. 裂缝</td><td>1</td><td>3</td><td></td><td></td><td>2.5</td><td>4</td><td></td><td></td><td>4</td><td>6</td><td></td><td></td></tr>
<tr><td>2. 水平位移</td><td>2</td><td>3.5</td><td></td><td></td><td>3.5</td><td>4.5</td><td></td><td></td><td>5</td><td>6</td><td></td><td></td></tr>
<tr><td>3. 墙体错位、开裂</td><td>3</td><td>4</td><td></td><td></td><td>4.5</td><td>6</td><td></td><td></td><td>6</td><td>8</td><td></td><td></td></tr>
<tr><td>4. 鼓胀</td><td>/</td><td>5</td><td></td><td></td><td>/</td><td>7</td><td></td><td></td><td>/</td><td>9</td><td></td><td></td></tr>
<tr><td>5. 倾斜、倒塌</td><td>5</td><td>6</td><td></td><td></td><td>7</td><td>8</td><td></td><td></td><td>8</td><td>10</td><td></td><td></td></tr>
<tr><td>6. 折损</td><td>6</td><td>7</td><td></td><td></td><td>7</td><td>9</td><td></td><td></td><td>8</td><td>10</td><td></td><td></td></tr>
<tr><td>7. 崩塌</td><td>/</td><td>9</td><td></td><td></td><td>/</td><td>10</td><td></td><td></td><td>/</td><td>10</td><td></td><td></td></tr>
<tr><td>8. 连续梁或支柱损伤</td><td>/</td><td>/</td><td>7</td><td></td><td>/</td><td>/</td><td>9</td><td></td><td>/</td><td>/</td><td>10</td><td></td></tr>
<tr><td>9. 地基和基础的破损</td><td colspan="12">10</td></tr>
<tr><td>10. 排水设施破损</td><td colspan="4">3</td><td colspan="4">5</td><td colspan="4">7</td></tr>
<tr><td>11. 挡土墙背面水管破裂</td><td colspan="12">10</td></tr>
</table>

公路边坡检查评价表（挡土墙）[示例]

（第2页/共3页）

破损度指标 （基本分+最大破损分）	基本分+ 最大破损分 1 + 5 = 6	破损度判断： 小于或等于4.5分：破损度小，无直接危险； 大于4.5分~小于或等于8.5分：破损度中，通行需谨慎； 大于8.5分：破损度大，危险
破损度判断	□大 √中 □小	
重要度判断标准	取以下5项中重要度最大者作为判断标准： （1）属于隧道口边坡（大） （2）若发生破坏，可能会造成10人以上伤亡（大）；1人~小于10人（中）；无人（小） （3）若发生破坏，可能会造成严重交通拥堵（大）；中度交通拥堵（中）；无交通拥堵（小） （4）可能会造成大面积滑坡（>500m^3）（大） （5）预估年度维护费达到改造费的20%（大）；5%~小于20%（中）；小于5%（小）	
重要度判断	□大 √中 □小	
紧急度判断	□大 √中 □小	判断标准：本次破损度与上次破损度评估相比，破损度分值上升2以上（大）；1~2（中）；0（小）

调查人员检查评价结论：破损度、重要度和紧急度均为“中”，查表3-1为三类挡土墙。

附录二　公路边坡检查评价表（边坡稳定性）

公路边坡检查评价表(边坡稳定性)

(第 1 页/共 3 页)

<table>
<tr><td>边坡编号</td><td colspan="5"></td></tr>
<tr><td>调查人员</td><td colspan="5"></td></tr>
<tr><td>调查时间</td><td colspan="5"></td></tr>
<tr><td rowspan="2">降水情况</td><td colspan="2">72h 内降水量(mm)</td><td></td><td colspan="2" rowspan="2">降水信息来源:
□气象台　□实测　□估测</td></tr>
<tr><td colspan="2">最大小时降水量(mm)</td><td></td></tr>
<tr><td colspan="6">边坡现状:</td></tr>
<tr><td>1. 地质构造(顺层、临空面)</td><td>2. 裂缝</td><td>3-1. 坡面膨胀</td><td>3-2. 坡脚隆起</td><td colspan="2">4. 破坏</td></tr>
<tr><td>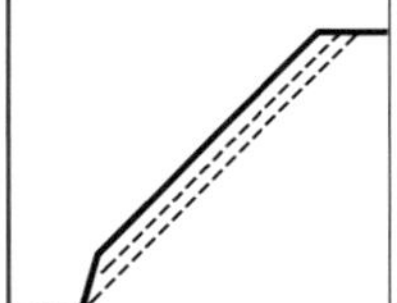</td><td></td><td>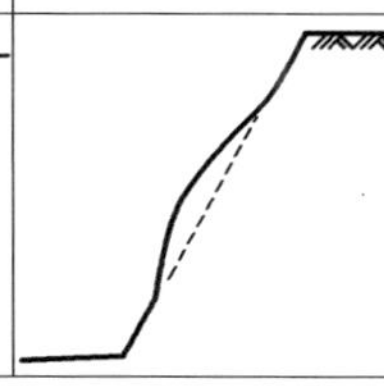</td><td></td><td colspan="2"></td></tr>
<tr><td colspan="6">平面图　　　　　　　　　　断面图
(图中标明与道路的位置关系)</td></tr>
</table>

公路边坡检查评价表（边坡稳定性）

（第 2 页/共 3 页）

<table>
<tr><td rowspan="9">基本分</td><td rowspan="2">岩性</td><td colspan="6">岩质：□软岩（0.5） □硬岩（0） □不明(0.5)</td></tr>
<tr><td colspan="6">土质：□砂质土(0.7) □砾质土(0.5) □黏性土(1) □不明(1)</td></tr>
<tr><td rowspan="3">坡面</td><td colspan="6">最大高度： m；平均高度： m；其中的挡土墙部分： m</td></tr>
<tr><td colspan="6">坡度： 度(小于30°:0.5；30°~60°:0.8；大于60°:1)</td></tr>
<tr><td colspan="6">长度： m</td></tr>
<tr><td>挡土墙位置</td><td colspan="6">□无(0.8) □坡面的上部(0.5) □坡面的中部(0.5)
□坡面的下部(0.5) □坡面全体(0)</td></tr>
<tr><td>排水设施</td><td colspan="6">□无（1） □破损或不足(0.5) □完好(0)</td></tr>
<tr><td>坡面防护</td><td colspan="6">□无(0.5) □植被防护（0.3） □构造物(0)</td></tr>
<tr><td colspan="7"></td></tr>
<tr><td rowspan="6">破损分</td><td>1. 地质构造</td><td colspan="6">非顺层、无临空面:1；非顺层、有临空面:1.05；
顺层、无临空面:1.1；顺层、有临空面:1.2</td></tr>
<tr><td></td><td colspan="2">小</td><td colspan="2">中</td><td colspan="2">大</td></tr>
<tr><td>2. 位于坡面或坡顶的裂缝(宽度或错位距离)</td><td>土质边坡:小于3cm或单条裂缝；
岩质边坡:小于1cm或单条裂缝</td><td>1</td><td>土质边坡:3cm~小于15cm或多条裂缝；
岩质边坡:1cm~小于5cm或多条裂缝</td><td>2</td><td>土质边坡:15cm以上或大范围的多条裂缝；
岩质边坡:5cm以上或大范围的多条裂缝</td><td>3</td></tr>
<tr><td>3. 鼓胀、隆起(鼓胀或隆起量)</td><td>小于10cm</td><td>3</td><td>10cm~小于30cm</td><td>4</td><td>30cm以上</td><td>5</td></tr>
<tr><td>4. 最近出现的破坏</td><td>坡面上小规模崩塌</td><td>7</td><td>不做处理的话崩塌规模可能扩大;崩塌范围已经达到坡面中部</td><td>8</td><td>整个坡面位于滑动体上,且滑动规模可能进一步扩大</td><td>9</td></tr>
<tr><td>5. 坡面破损情况</td><td>破损度小</td><td>+0</td><td>破损度中</td><td>+1</td><td>破损度大</td><td>+2</td></tr>
</table>

公路边坡检查评价表（边坡稳定性）

<table>
<tr><td>破损度指标
（最大基本分 + 破损情况第 1 项得分 × 破损情况第 2 至 4 项中最大的破损分 + 破损情况第 5 项破损分）</td><td>□ + □ × □ + □ = □</td><td>破损度判断：
小于或等于 3 分：破损度小，无直接危险；
大于 3 分 ~ 小于或等于 8 分：破损度中，通行需谨慎
大于 8 分：破损度大，危险</td></tr>
<tr><td colspan="3">破损度判断备注：</td></tr>
<tr><td>破损度判断</td><td colspan="2">□大　□中　□小</td></tr>
<tr><td>重要度判断标准</td><td colspan="2">取以下 5 项中重要度最大者作为判断标准：
（1）属于隧道口边坡（大）
（2）若发生破坏，可能会造成 10 人以上伤亡（大）；1 人 ~ 小于 10 人（中）；无人（小）
（3）若发生破坏，可能会造成严重交通拥堵（大）；中度交通拥堵（中）；无交通拥堵（小）
（4）可能会造成大面积滑坡（ $>500\text{m}^3$ ）（大）
（5）预估年度维护费达到改造费的 20%（大）；5% ~ 小于 20%（中）；小于 5%（小）</td></tr>
<tr><td>重要度判断</td><td colspan="2">□大　□中　□小</td></tr>
<tr><td>紧急度判断</td><td>□大　□中　□小</td><td>判断标准：本次破损度与上次破损度评估相比，破损度分值上升 2 以上（大）；1 ~ 2（中）；0（小）</td></tr>
</table>

调查人员检查评价结论：______________________________

公路边坡检查评价表(边坡稳定性)[示例]

(第 1 页/共 3 页)

<table>
<tr><td>边坡编号</td><td colspan="5">××线 K5 +000 处滑坡</td></tr>
<tr><td>调查人员</td><td colspan="5">张三</td></tr>
<tr><td>调查时间</td><td colspan="5">2015 年 6 月 18 日</td></tr>
<tr><td rowspan="2">降水情况</td><td colspan="2">72h 内降水量(mm)</td><td>200</td><td colspan="2" rowspan="2">降水信息来源:
□气象台 □实测 √估测</td></tr>
<tr><td colspan="2">最大小时降水量(mm)</td><td>50</td></tr>
<tr><td colspan="6">边坡现状:</td></tr>
<tr><td>1. 地质构造(顺层、临空面)</td><td>2. 裂缝</td><td>3-1. 坡面膨胀</td><td>3-2. 坡脚隆起</td><td colspan="2">4. 破坏</td></tr>
<tr><td>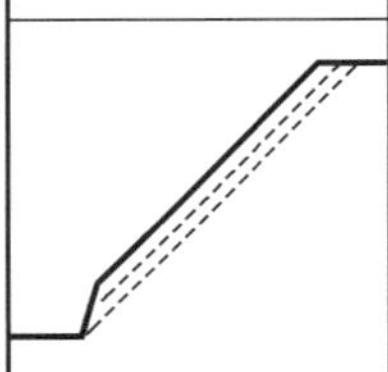</td><td>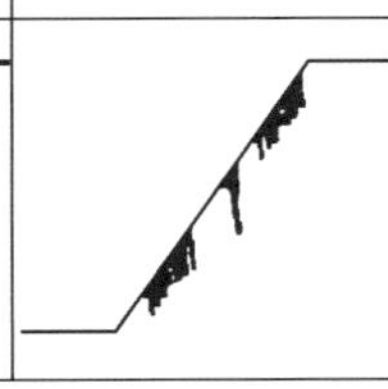</td><td>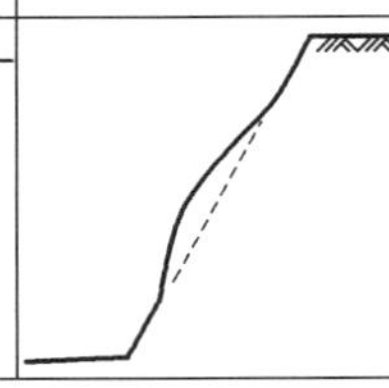</td><td>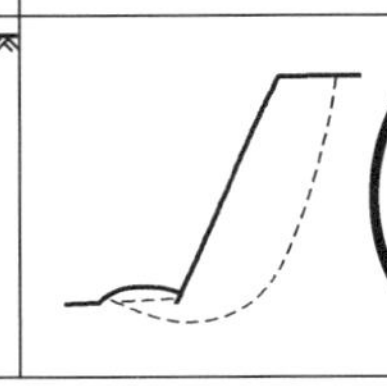</td><td colspan="2">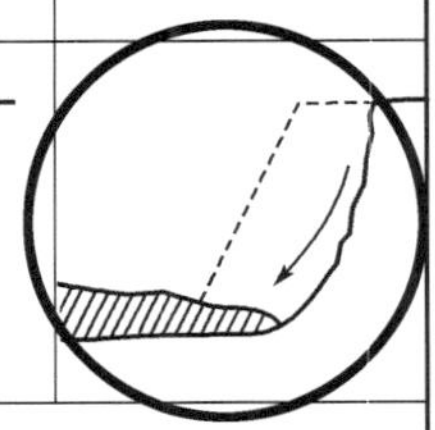</td></tr>
<tr><td colspan="6">

现场照片
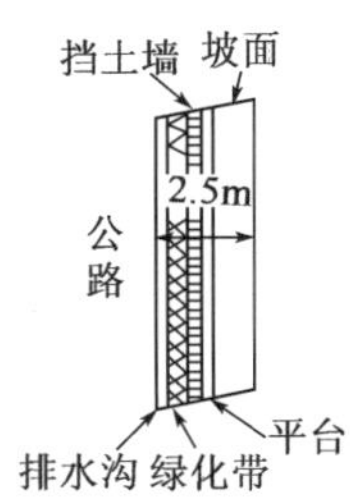

平面图
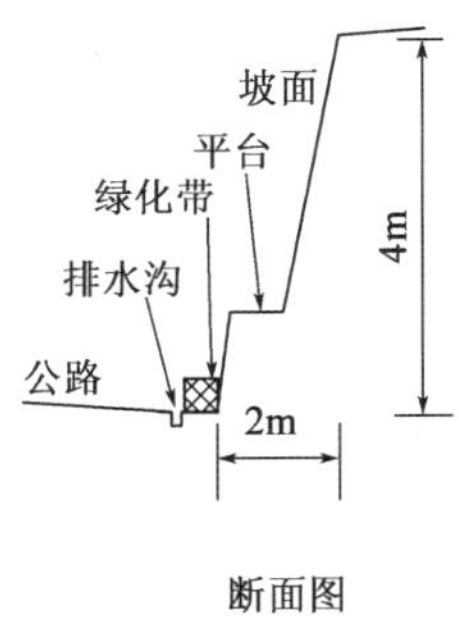

断面图
(图中标明与道路的位置关系)
</td></tr>
</table>

公路边坡检查评价表（边坡稳定性）[示例]

（第 2 页/共 3 页）

<table>
<tr><td rowspan="9">基本分</td><td rowspan="2">岩性</td><td colspan="6">岩质：□软岩（0.5）　□硬岩（0）　□不明(0.5)</td></tr>
<tr><td colspan="6">土质：□砂质土(0.7)　√砾质土(0.5)　□黏性土(1)　□不明(1)</td></tr>
<tr><td rowspan="3">坡面</td><td colspan="6">最大高度:4m；平均高度:4m；其中的挡土墙部分:1.2m</td></tr>
<tr><td colspan="6">坡度:60 度(小于 30°:0.5；30°～60°:0.8；大于 60°:1)</td></tr>
<tr><td colspan="6">长度:30m</td></tr>
<tr><td>挡土墙位置</td><td colspan="6">□无(0.8)　□坡面的上部(0.5)　□坡面的中部(0.5)
√坡面的下部(0.5)　□坡面全体(0)</td></tr>
<tr><td>排水设施</td><td colspan="6">√无（1）　□破损或不足(0.5)　□完好(0)</td></tr>
<tr><td>坡面防护</td><td colspan="6">√无(0.5)　□植被防护（0.3）　□构造物(0)</td></tr>
<tr><td colspan="7"></td></tr>
<tr><td rowspan="6">破损分</td><td>1. 地质构造</td><td colspan="6">非顺层、无临空面:1；非顺层、有临空面:1.05；
顺层、无临空面:1.1；顺层、有临空面:1.2</td></tr>
<tr><td></td><td colspan="2">小</td><td colspan="2">中</td><td colspan="2">大</td></tr>
<tr><td>2. 位于坡面或坡顶的裂缝（宽度或错位距离）</td><td>土质边坡:小于 3cm 或单条裂缝；
岩质边坡:小于 1cm 或单条裂缝</td><td>1</td><td>土质边坡:3～小于 15cm 或多条裂缝；
岩质边坡:1～小于 5cm 或多条裂缝</td><td>2</td><td>土质边坡:15cm 以上或大范围的多条裂缝；
岩质边坡:5cm 以上或大范围的多条裂缝</td><td>3</td></tr>
<tr><td>3. 鼓胀、隆起（鼓胀或隆起量）</td><td>小于 10cm</td><td>3</td><td>10～小于 30cm</td><td>4</td><td>30cm 以上</td><td>5</td></tr>
<tr><td>4. 最近出现的破坏</td><td>坡面上小规模崩塌</td><td>7</td><td>不做处理的话崩塌规模可能扩大；崩塌范围已经达到坡面中部</td><td>8</td><td>整个坡面位于滑动体上，且滑动规模可能进一步扩大</td><td>9</td></tr>
<tr><td>5. 坡面破损情况</td><td>破损度小</td><td>+0</td><td>破损度中</td><td>+1</td><td>破损度大</td><td>+2</td></tr>
</table>

公路边坡检查评价表（边坡稳定性）[示例]

（第3页/共3页）

<table>
<tr><td>破损度指标
（最大基本分＋破损情况第1项得分×破损情况第2至4项中最大的破损分＋破损情况第5项破损分）</td><td>[1] ＋ [1.05] × [8]
＋ [1] ＝ [10.4]</td><td>破损度判断：
小于或等于3分：破损度小，无直接危险；
大于3分～小于或等于8分：破损度中，通行需谨慎
大于8分：破损度大，危险</td></tr>
<tr><td colspan="3">破损度判断备注：无</td></tr>
<tr><td>破损度判断</td><td colspan="2">√大　□中　□小</td></tr>
<tr><td>重要度判断标准</td><td colspan="2">取以下5项中重要度最大者作为判断标准：
（1）属于隧道口边坡（大）
（2）若发生破坏，可能会造成10人以上伤亡（大）；1人～小于10人（中）；无人（小）
（3）若发生破坏，可能会造成严重交通拥堵（大）；中度交通拥堵（中）；无交通拥堵（小）
（4）可能会造成大面积滑坡（>500m^3）（大）
（5）预估年度维护费达到改造费的20%（大）5%～小于20%（中）；小于5%（小）</td></tr>
<tr><td>重要度判断</td><td colspan="2">□大　√中　□小</td></tr>
<tr><td>紧急度判断</td><td>√大　□中　□小</td><td>判断标准：本次破损度与上次破损度评估相比，破损度分值上升2以上（大）；1～2（中）；0（小）</td></tr>
</table>

调查人员检查评价结论：<u>破损度“大”、重要度“中”、紧急度为“大”，查表3-1为四类边坡。</u>

附录三　公路边坡检查评价表（坡面性能）

公路边坡检查评价表(坡面性能)

(第 1 页/共 3 页)

<table>
<tr><td>边坡编号</td><td colspan="4"></td></tr>
<tr><td>调查人员</td><td colspan="4"></td></tr>
<tr><td>调查时间</td><td colspan="4"></td></tr>
<tr><td rowspan="2">降水情况</td><td colspan="2">72h 内降水量(mm)</td><td></td><td rowspan="2">降水信息来源:
□气象台　□实测　□估测</td></tr>
<tr><td colspan="2">最大小时降水量(mm)</td><td></td></tr>
<tr><td colspan="5">坡面现状:</td></tr>
<tr><td>1. 浮石、落石</td><td>2. 风化剥落</td><td>3. 表层破坏</td><td colspan="2">4. 排水设施破损</td></tr>
<tr><td></td><td>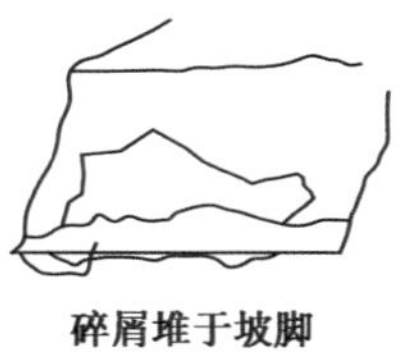</td><td>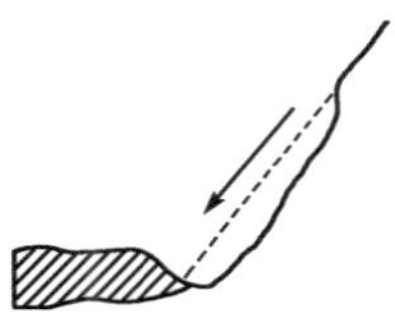</td><td colspan="2"></td></tr>
<tr><td>5. 坡面防护工程破损(除植被防护)</td><td>6. 植被防护破损</td><td>7. 表面侵蚀</td><td colspan="2" rowspan="2"></td></tr>
<tr><td>/</td><td>/</td><td>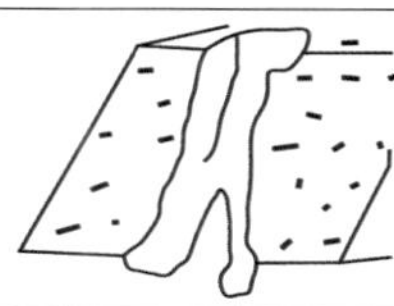</td></tr>
<tr><td colspan="5">

平面图　　　　　　　　断面图
(图中标明与道路的位置关系)</td></tr>
</table>

公路边坡检查评价表（坡面性能）

（第2页/共3页）

<table>
<tr><td rowspan="6">基本分</td><td rowspan="2">岩性</td><td colspan="6">岩质：□软岩(0.5)　□硬岩(0)　□不明(0.5)</td></tr>
<tr><td colspan="6">土质：□砂质土(0.7)　□砾质土(0.5)　□黏性土(1)　□不明(1)</td></tr>
<tr><td rowspan="3">坡面</td><td colspan="6">最大高度：　m；平均高度：　m；其中的挡土墙部分：　m</td></tr>
<tr><td colspan="6">坡度：　度（小于30°:0.5；30°~60°:0.8；大于60°:1）</td></tr>
<tr><td colspan="6">长度：　m</td></tr>
<tr><td>挡土墙位置</td><td colspan="6">□无(0.8)
□坡面的上部　□坡面的中部　□坡面的下部(0.5)
□坡面全体（0）</td></tr>
<tr><td rowspan="6">破损分</td><td></td><td colspan="2">小</td><td colspan="2">中</td><td colspan="2">大</td></tr>
<tr><td>1. 落石(浮石)</td><td>落石进入道路可能性小</td><td>4</td><td>落石进入道路可能性中</td><td>6</td><td>落石进入道路可能性大</td><td>8</td></tr>
<tr><td>2. 风化剥落</td><td>剥落土石体积小于0.5m^3</td><td>3</td><td>剥落土石体积大于0.5m^3、小于5m^3</td><td>4</td><td>剥落土石体积大于5m^3</td><td>5</td></tr>
<tr><td>3. 小规模浅层破坏</td><td>坡面浅层小规模崩塌（土石体积小于0.5m^3）</td><td>7</td><td>若不做处理，浅层破坏规模可能扩大，或者浅层破坏范围已经达到坡面中部</td><td>8</td><td>整个坡面发生浅层破坏（深度小于2m）</td><td>9</td></tr>
<tr><td>4. 排水设施缺损及渗水</td><td>顶部无截水沟，或截水沟出现错位、缺陷；或者坡顶部分的坡面可见明显裂缝</td><td>3</td><td>挡土墙出现裂缝或者勾缝处有渗水；排水沟破损、堵塞</td><td>5</td><td>泄水孔破损、堵塞，丧失排水功能</td><td>7</td></tr>
<tr><td>5. 坡面防护工程破损（除植被防护）</td><td>例如，骨架护坡的框架中间填充物冲刷流失；喷浆防护中可见小裂缝，但没有错位现象</td><td>5</td><td>例如，拱形骨架破损；喷浆防护中出现错位、部分塌陷现象；柔性防护网积渣外鼓</td><td>6</td><td>例如，骨架护坡框架悬空；挂网喷浆坡面混凝土脱落、金属网暴露；柔性防护网严重损毁</td><td>7</td></tr>
</table>

公路边坡检查评价表（坡面性能）

（第3页/共3页）

<table>
<tr><td rowspan="2">破损分</td><td>6. 植被防护破损</td><td>坡面植被冲刷剥落（面积小于5%）；植草骨架略微变形；植被枯萎（面积小于20%）；客土植草的网材锈蚀（面积小于5%）</td><td>1</td><td>坡面植被冲刷剥落（面积5%～小于20%）；植草骨架出现明显开裂但未完全丧失机能；植被枯萎（面积20%～小于80%）；客土植草的网材锈蚀（面积5%～小于20%）</td><td>3</td><td>坡面植被冲刷剥落（面积20%以上）；植草骨架出现完全开裂、破坏；植被枯萎（面积80%以上）；客土植草的网材锈蚀（面积20%以上）</td><td>5</td></tr>
<tr><td>7. 表面侵蚀</td><td>雨滴通过表面裂缝进入坡体</td><td>6</td><td>边坡表面形成沟壑，其宽度有进一步加大的可能</td><td>7</td><td>沟壑进一步加大，并威胁坡脚公路</td><td>8</td></tr>
</table>

<table>
<tr><td>破损度指标
（最大基本分+最大破损分）</td><td>最大基本分 + 最大破损分
□ + □ = □</td><td>破损度判断：
小于或等于3分：破损度小；
大于3分～小于或等于8分：破损度中；
大于8分：破损度大</td></tr>
<tr><td>破损度判断</td><td colspan="2">□大　□中　□小</td></tr>
<tr><td>重要度判断标准</td><td colspan="2">取以下5项中重要度最大者作为判断标准：
（1）属于隧道口边坡（大）
（2）若发生破坏，可能会造成10人以上伤亡（大）；1人～小于10人（中）；无人（小）
（3）若发生破坏，可能会造成严重交通拥堵（大）；中度交通拥堵（中）；无交通拥堵（小）
（4）可能会造成大面积滑坡（$>500\text{m}^3$）（大）
（5）预估年度维护费达到改造费的20%（大）；5%～小于20%（中）；小于5%（小）</td></tr>
<tr><td>重要度判断</td><td colspan="2">□大　□中　□小</td></tr>
<tr><td>紧急度判断</td><td>□大　□中　□小</td><td>判断标准：本次破损度与上次破损度评估相比，破损度分值上升2以上（大）；1～2（中）；0（小）</td></tr>
</table>

调查人员检查评价结论：________________________________

公路边坡检查评价表(坡面性能)[示例]

(第1页/共3页)

<table>
<tr><td>边坡编号</td><td colspan="4">××线 K76+520 处边坡</td></tr>
<tr><td>调查人员</td><td colspan="4">张三</td></tr>
<tr><td>调查时间</td><td colspan="4">2015年7月20日</td></tr>
<tr><td rowspan="2">降水情况</td><td colspan="2">72h 内降水量(mm)</td><td>0</td><td rowspan="2">降水信息来源:
□气象台 □实测 √估测</td></tr>
<tr><td colspan="2">最大小时降水量(mm)</td><td>0</td></tr>
<tr><td colspan="5">坡面现状:</td></tr>
</table>

<table>
<tr><td>1. 浮石、落石</td><td>2. 风化剥落</td><td>3. 表层破坏</td><td>4. 排水设施破损</td></tr>
<tr><td></td><td>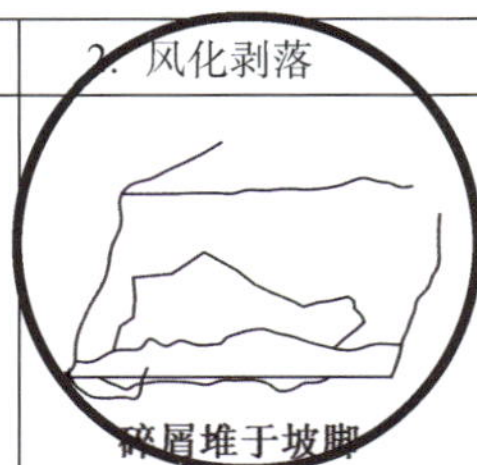</td><td>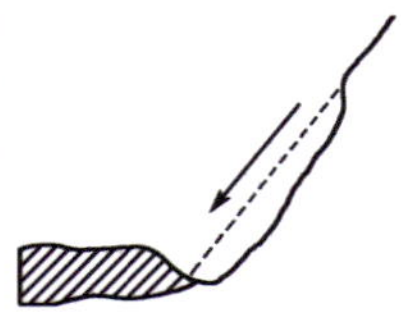</td><td></td></tr>
<tr><td>5. 坡面防护工程破损(除植被防护)</td><td>6. 植被防护破损</td><td>7. 表面侵蚀</td><td></td></tr>
<tr><td>/</td><td>/</td><td>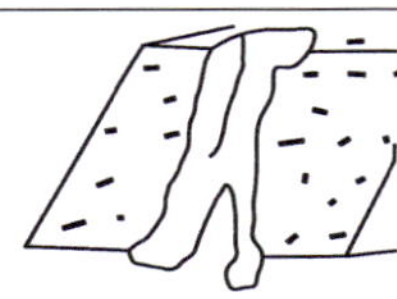</td><td></td></tr>
</table>

现场照片

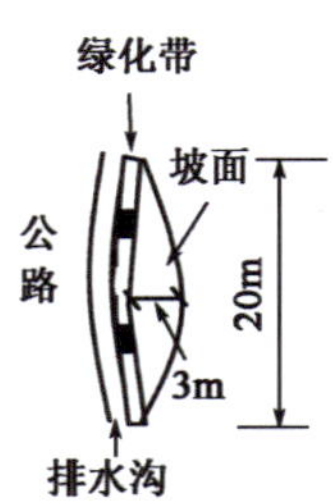

平面图

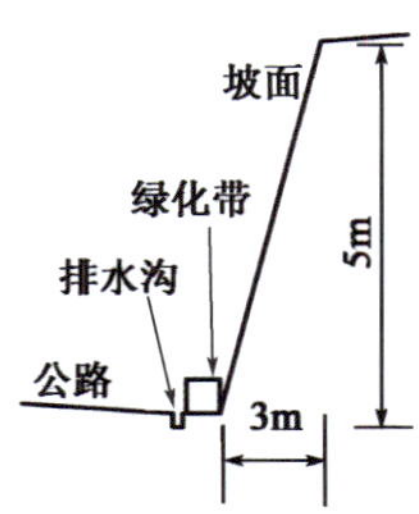

断面图

(图中标明与道路的位置关系)

公路边坡检查评价表（坡面性能）[示例]

（第 2 页/共 3 页）

基本分	岩性	岩质：√软岩(0.5)　□硬岩(0)　□不明(0.5)					
		土质：□砂质土(0.7)　□砾质土(0.5)　□黏性土(1)□不明(1)					
	坡面	最大高度:6m；平均高度:4m；其中的挡土墙部分:0m					
		坡度:65 度（小于 30°:0.5；30°～60°:0.8；大于 60°:1）					
		长度:20m					
	挡土墙位置	√无　(0.8) □坡面的上部　□坡面的中部　□坡面的下部　(0.5) □坡面全体 (0)					
破损分		小		中		大	
	1. 落石(浮石)	落石进入道路可能性小	4	落石进入道路可能性中	6	落石进入道路可能性大	8
	2. 风化剥落	剥落土石体积小于 0.5m³	3	剥落土石体积大于 0.5m³、小于 5m³	4	剥落土石体积大于 5m³	5
	3. 小规模浅层破坏	坡面浅层小规模崩塌(土石体积小于 0.5m³)	7	若不做处理，浅层破坏规模可能扩大，或者浅层破坏范围已经达到坡面中部	8	整个坡面发生浅层破坏(深度小于 2m)	9
	4. 排水设施缺损及渗水	顶部无截水沟，或截水沟出现错位、缺陷；或者坡顶部分的坡面可见明显裂缝	3	挡土墙出现裂缝或者勾缝处有渗水；排水沟破损、堵塞	5	泄水孔破损、堵塞，丧失排水功能	7
	5. 坡面防护工程破损(除植被防护)	例如，骨架护坡的框架中间填充物冲刷流失；喷浆防护中可见小裂缝，但没有错位现象	5	例如，拱形骨架破损；喷浆防护中出现错位、部分塌陷现象；柔性防护网积渣外鼓	6	例如，骨架护坡框架悬空；挂网喷浆坡面混凝土脱落、金属网暴露；柔性防护网严重损毁	7

公路边坡检查评价表（坡面性能）[示例]

（第 3 页/共 3 页）

<table>
<tr><td rowspan="2">破损分</td><td>6. 植被防护破损</td><td>坡面植被冲刷剥落（面积小于 5%）；植草骨架略微变形；植被枯萎（面积小于 20%）；客土植草的网材锈蚀（面积小于 5%）</td><td>1</td><td>坡面植被冲刷剥落（面积 5% ~ 小于 20%）；植草骨架出现明显开裂但未完全丧失机能；植被枯萎（面积 20% ~ 小于 80%）；客土植草的网材锈蚀（面积 5% ~ 小于 20%）</td><td>3</td><td>坡面植被冲刷剥落（面积 20% 以上）；植草骨架出现完全开裂、破坏；植被枯萎（面积 80% 以上）；客土植草的网材锈蚀（面积 20% 以上）</td><td>5</td></tr>
<tr><td>7. 表面侵蚀</td><td>雨滴通过表面裂缝进入坡体</td><td>6</td><td>边坡表面形成沟壑，其宽度有进一步加大的可能</td><td>7</td><td>沟壑进一步加大，并威胁坡脚公路</td><td>8</td></tr>
</table>

<table>
<tr><td>破损度指标
（最大基本分+最大破损分）</td><td>最大基本分 + 最大破损分
[1] + [4] = [5]</td><td>破损度判断：
小于或等于 3 分：破损度小；
大于 3 分 ~ 小于或等于 8 分：破损度中；
大于 8 分：破损度大</td></tr>
<tr><td>破损度判断</td><td colspan="2">□大 √中 □小</td></tr>
<tr><td>重要度判断标准</td><td colspan="2">取以下 5 项中重要度最大者作为判断标准：
（1）属于隧道口边坡（大）
（2）若发生破坏，可能会造成 10 人以上伤亡（大）；1 人 ~ 小于 10 人（中）；无人（小）
（3）若发生破坏，可能会造成严重交通拥堵（大）；中度交通拥堵（中）；无交通拥堵（小）
（4）可能会造成大面积滑坡（>500m³）（大）
（5）预估年度维护费达到改造费的 20%（大）；5% ~ 小于 20%（中）；小于 5%（小）</td></tr>
<tr><td>重要度判断</td><td colspan="2">□大 √中 □小</td></tr>
<tr><td>紧急度判断</td><td>□大 □中 √小</td><td>判断标准：本次破损度与上次破损度评估相比，破损度分值上升 2 以上（大）；1 ~ 2（中）；0（小）</td></tr>
</table>

调查人员检查评价结论：破损度“中”、重要度“中”、紧急度为“小”，查表 3-1 为二类边坡。

附录四　常见边坡工程问题补充图集

本图集作为正文第 4 章的补充，列举了边坡工程中常见的 26 个病害。结合第 5 章工程师巡检内容，将这些病害分为：截排水工程、普通防护工程、柔性防护工程、喷浆防护工程、支挡工程、锚固工程、植被防护工程和坡体病害等 8 个类型。

1. 截排水工程（附图 4-1 ~ 附图 4-4）

附图 4-1　排水沟堵塞积水

附图 4-2　水沟位移

附图 4-3　排水孔堵塞

附图 4-4　平台水沟断裂

2. 普通防护工程（附图 4-5 ~ 附图 4-8）

附图 4-5　护面墙错动

附图 4-6　墙顶变形

附图 4-7　勾缝脱落

附图 4-8　表面风化

3. 柔性防护工程（附图 4-9、附图 4-10）

附图 4-9　网材撕裂

附图 4-10　网内兜石

4. 喷浆防护工程(附图 4-11、附图 4-12)

附图 4-11 变形开裂

附图 4-12 风化剥落

5. 支挡工程(附图 4-13 ~ 附图 4-18)

附图 4-13 挡墙变形开裂

附图 4-14 挡墙鼓胀

附图 4-15 挡墙滑移

附图 4-16 勾缝脱落

附图 4-17　墙顶渗水

附图 4-18　挡墙渗水

6. 锚固工程(附图 4-19、附图 4-20)

附图 4-19　锚头锈蚀、渗水

附图 4-20　锚头断裂

7. 植被防护工程(附图 4-21 ~ 附图 4-24)

附图 4-21　冲刷剥落图

附图 4-22　格梁开裂

附图 4-23　网材锈蚀

附图 4-24　拱形骨架损毁

8. 坡体病害（附图 4-25、附图 4-26）

附图 4-25　坍塌掉块

附图 4-26　边坡坍塌

附录五　我国南方地区常用边坡绿化植物

我国南方大部分地区四季分明，温暖湿润，雨量丰沛，冬夏稍长，春秋略短。边坡绿化的气候条件较好，可根据边坡的土质条件、坡度等实际情况，实施绿化。推荐选择的植物种类如附表5-1所示。

我国南方地区边坡绿化常用草本、灌木、藤本植物　　附表5-1

类型	植物种类
草本	高羊茅、狗牙根、紫花苜蓿、山类芦、类芦、疏花野青矛、野古草、野菊花、相仿苔草、芒
灌木	美丽胡枝子、胡枝子、伞房决明、映山红、紫穗槐、栀子、马银花、马棘、小蜡、岗松、野桐、火棘、夹竹桃、珊瑚树
藤本	爬山虎、络石、常春藤、常春油麻藤、扶芳藤、香花崖豆藤、金银花、石岩枫、黄馨

附表5-1中的代表性植物相关说明如下：

1. 高羊茅（附图5-1）

形态特征：秆成疏丛，直立，粗糙，幼叶折叠；叶舌呈膜状，长0.4～1.2mm，平截形；叶耳短而钝，有短柔毛；茎基部宽，分裂的边缘有茸毛；叶片条形，扁平，挺直，近轴面有背且光滑，具龙骨，稍粗糙，边缘有鳞，长15～25cm，宽4～7mm；收缩的圆锥花序。

附图5-1　高羊茅

适应性：性喜寒冷潮湿、温暖的气候，在肥沃、潮湿、富含有机质、在pH值为4.7～8.5的细壤土中生长良好。对高温有一定的抗性，最耐旱和践踏；喜光，耐半阴，对肥料反应敏感，抗逆性强，耐酸、耐瘠薄，抗病性强。适宜于温暖湿润的中亚热带至中温带地区栽种。

2. 狗牙根(附图 5-2)

形态特征:狗牙根为多年生草本植物,具有根状茎和匍匐枝,须根细而坚韧。匍匐茎平铺地面或埋入土中,长 10 ~ 110cm,光滑坚硬,节处向下生根,株高 10 ~ 30cm。叶片平展、披针形,长 3.8 ~ 8cm,宽 1 ~ 3mm,前端渐尖,边缘有细齿,叶色浓绿。穗状花序 3 ~ 6 枚呈指状排列于茎顶,小穗排列于穗轴一侧,有时略带紫色。

适应性:狗牙根性喜温暖湿润气候,耐阴性和耐寒性较差,最适生长温度为 20 ~ 32℃,在 6 ~ 9℃时几乎停止生长,喜排水良好的肥沃土壤。

特色用途:发生期长,生活力强,繁殖迅速,蔓延快,成片生长,不怕践踏。因此,狗牙根是优良的固土护坡植物。

附图 5-2　狗牙根

3. 紫花苜蓿(附图 5-3)

形态特征:紫花苜蓿主根发达,侧根多,主根入土 2m 以上,在较干旱的地区可达 10m 左右。茎高 30 ~ 100cm,直立或外倾,圆形或棱形,叶为三小叶,倒卵形,先端较宽,有齿。花为总状花序,荚果螺旋形,2 ~ 4 圈,暗棕色。种子肾形、黄褐色,千粒重 1.5 ~ 1.9g。

适应性:紫花苜蓿适应性广,但较喜温暖、多晴少雨的干燥气候。根系发达,有较强的抗旱能力。耐寒性强,种子在 4 ~ 6℃即可发芽。出苗后能耐短时间的 -5 ~ -6℃低温,成年植株能耐 -20℃左右低温。生长最适温度为

20～25℃。

特色用途：绿化、固土，改良土壤。

附图 5-3　紫花苜蓿

4. 胡枝子（附图 5-4）

形态特征：为落叶灌木。小枝有棱，幼时有柔毛。小叶 3 枚，宽椭圆形，先端圆钝或凹，下面灰绿色，两面疏被平伏毛。总状花序腋生，全部成为顶生圆锥花序状，有长的总花梗。花疏，花冠紫色或玫瑰红色，花期 8～9 月。

适应性：喜光稍耐阴，耐寒，耐干旱，瘠薄，也耐水湿。萌蘖力强，根系发达，并具根瘤，有固氮作用。

特色用途：胡枝子枝条披垂，花期较晚，淡雅秀丽，园林中常栽培观赏，是保持水土和改良土壤的优良树种。

附图 5-4　胡枝子

5. 紫穗槐（附图 5-5）

形态特征：豆科紫穗槐属，落叶灌木。高 1～4m，丛生、枝叶繁密，直伸，皮暗灰色，平滑，小枝灰褐色，有凸起锈色皮孔。叶互生，奇数羽状复叶，卵形,狭椭圆形,先端圆形,全缘,叶内有透明油腺点。花果期5~10月。

适应性:紫穗槐是耐寒、耐旱、耐湿、耐盐碱、抗风沙、抗逆性极强的灌木,在荒山坡、道路旁、河岸、盐碱地均可生长,可用种子繁殖及进行根萌芽无性繁殖,萌芽性强,根系发达。

特色用途:根部有根疣可改良土壤,枝叶对烟尘有较强的吸附性,故可用作水土保持、被覆地面和工业区绿化。

附图5-5　紫穗槐

6. 火棘(附图5-6)

形态特征:侧枝短刺状;叶倒卵形,长1.6~6cm,复伞房花序,有花10~22朵,花直径1cm,白色;花期3~4月;果近球形,直径8~10mm,成穗状,橘红色至深红色,甚受人们喜爱。9月底开始变红,一直可保持到春节。是一种极好的春季看花、冬季观果植物。

适应性:喜强光,耐贫瘠,抗干旱。

附图5-6　火棘

特色用途:

(1)火棘是蔷薇科常绿或半常绿灌木,枝叶茂盛,初夏白花繁密,入秋红果累累，具有较高的观赏价值。

（2）任其自然发展的火棘枝条一年可长至1.2m，两年可长至2m左右，并开始着花挂果，适合栽植于护坡之上。

7. 马棘（附图5-7）

形态特征：落叶亚灌木，植株高55～90cm，小枝具白色丁字毛。叶互生，奇偶羽状复叶，小叶对生，7～11枚，椭圆形，倒卵状椭圆形或倒卵形，全缘，长1～2cm，宽5～10mm，两面被丁字毛；荚果圆柱形，长1～3.5cm，宽约3mm，幼时密被丁字毛。种子肾形。花果期5～10月。

适应性：抗旱、耐瘠薄、生活力强等特点。尤其在岩石山、风化石山等偏碱性土壤中生长良好。

特色用途：用于沿路护坡绿化及水土保持。

附图5-7　马棘

附录六　巡检重点内容

公路边坡巡检重点内容包括以下5种情形。须根据各情形相应“注意点”的要求，做进一步的工作。

情形1：削坡边坡前缘的路面隆起、坡面水平方向平移、边沟变形（附图6-1）。

a）路面隆起

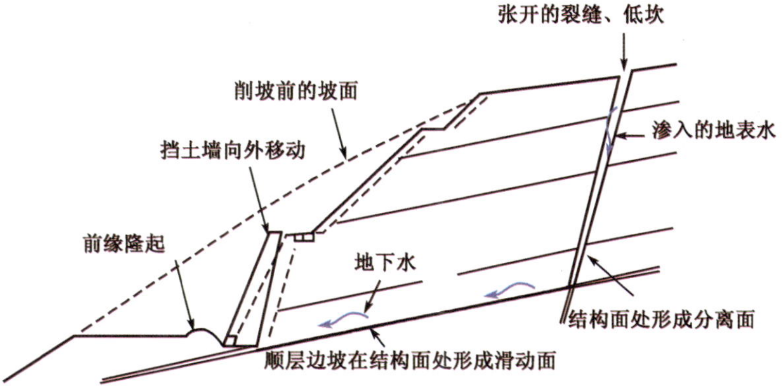

b）破坏机理分析

附图6-1　路面隆起及其破坏机理分析

机理分析:削坡形成的坡面范围内,可能正在发生蠕滑。继续变形下去,可能会阻断交通。

在削坡的坡面以及自然边坡坡面上可能发现裂纹、小型崩塌等。如果发现了这些现象,滑坡的范围会比较大。

如果附近埋设有水管,则水管会破裂并提供水源,对滑坡有加速的作用。因此,应立即切断水源。

注意点:(1)详细调查在削坡的坡面以及自然边坡坡面上的裂纹,如有发现,记录裂纹的位置和几何尺寸(长、宽、深)。调查坡面上是否有涌水和小型崩塌。

(2)采取紧急措施:转移从裂纹处涌出的水、坡脚砂袋堆载止滑、道路封闭;组织专家详细调查和讨论加固措施。

(3)适时拍照(或设置位移计),观测裂纹的扩展情况。由此可以预测崩塌或快速滑坡的发生时间。

情形 2:砌筑挡土墙沿砌缝发生的水平方向裂缝或鼓胀(附图 6-2 和附图 6-3)。

附图 6-2　挡土墙水平方向的裂缝

附图 6-3　挡土墙水平方向的鼓胀

机理分析:对于现浇混凝土挡土墙,有时会有竖直方向的裂缝。若裂缝没有出现前后凹凸,则多为混凝土收缩引起的裂缝。由于混凝土收缩引起的裂缝不具有累积性,可以通过多次巡检验证是否为混凝土收缩引起的裂缝。

对于水平方向的裂缝,以及具有前后凹凸的竖直方向的裂缝,多由于边坡变形引起,例如滑坡。

如果同时发现有涌水，那么很可能变形会持续下去。

如果裂缝是上下凹凸，那么除了背后边坡的变形外，还有可能是挡土墙地基基础不均匀沉降引起的。

注意点：(1)如果裂缝没有进一步扩展，那么不会立即引起边坡失稳。但是，如果裂缝持续扩展且连续观测到涌水现象，可以确认边坡正在持续变形，那么有必要采取排水等加固措施。

(2)对裂缝扩展的监测很重要。但需要注意温度变化的影响。一般来说，冬季夏季的温差可能引起裂缝长度2mm的变化。

(3)如果可以目测到裂缝一直在累积增长，则需要由专家详细调查并讨论加固措施。

情形3：喷护等混凝土构造物上出现的水平裂缝(附图6-4)

附图6-4　喷护上出现的水平裂缝

机理分析：由于混凝土构造物的老化，可能出现不规则裂缝或竖直方向的裂缝。若无涌水，则可能是由于混凝土构造物老化或表层劣化引起的小变形，可以通过对原有构造物进行更新达到修复的目的；如果同时出现了涌水，那么由于干湿交替、冻融交替以及裂缝处的植物生长，就需要采取更多的修复措施。

对于水平方向的裂缝，多由于边坡变形引起，例如滑坡，那么可能需要采取更多的加固措施。

注意点：(1)如果在裂缝处有涌水，或者出现水平方向的裂缝，那么很可能是出现了边坡变形。为了保证边坡的稳定，需要及早采取措施。

(2)加固措施方面，如果不通过削坡减载等改变边坡形状的工法，那么可以采取比现有加固措施层次更高的措施。例如：如果现有措施是锚杆挂网喷浆(混凝土)，那么可以采取锚固加固。

(3)如果可以目测到裂缝一直在累积增长，则需要由专家详细调查并讨论加固措施。

情形 4：相邻坡面发生小规模破坏(附图 6-5)

附图 6-5　相邻坡面发生小规模破坏(坍塌)

机理分析：相邻坡面的地形、地质条件大多类似，如果相邻坡面接连发生破坏，那么与已破坏坡面相邻的坡面很可能以后也会相继破坏。

如果将小规模的破坏(坍塌)置之不理，那么在地下水和雨水的作用下，很可能发展成大规模的破坏。

注意点：(1)即使是小规模的破坏，也应当记录与其相关的数据或资料，包括：降雨量、坡体土方、破坏机理、有无涌水、断面形状以及图片等。

(2)对于没有发展到破坏状态的邻近边坡，应检查其变形情况。

情形 5：SNS 内发现新的落石(附图 6-6)

机理分析：小规模的落石多由暴雨引发。

小规模落石之后，应考虑可能还会有更大规模的落石。

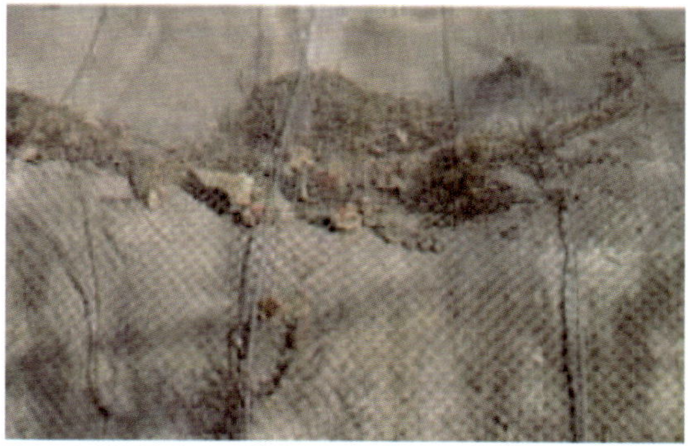

附图 6-6　SNS 内新的落石

虽然落石的粒径不大,但如果持续发生且频度增加,那么就是近期将发生大规模崩塌的前兆。

注意点:(1)发现落石之后,要确认落石的源区。尽可能通过踏勘直接找到源区。

(2)对于突破 SNS 网或钻出 SNS 网后进入路面的落石,需要检查 SNS 网的有效性。

(3)根据边坡坡度、落石的最大粒径、落下高度差以及落石的到达范围,可以大致推测落石引起的危害性。

(4)对于达到一定规模的落石危害,需要由专家和专业人员判断。

(5)对于有破损的 SNS 网,应及早报告、及早修复。

参 考 文 献

[1] 王安惠,崔建恒,邓卫东,等. 公路边坡加固技术指南. 北京:人民交通出版社,2012.

[2] 浙江省交通投资集团有限公司. 高速公路高边坡安全风险检查评价指引. 2011.

[3] 浙江省交通投资集团有限公司. 高边坡巡检管理技术指南(试行). 2012.

[4] (日)山梨县県土整備部道路整備課. 道路工事設計マニュアル道路編Ⅰ(道路工程设计手册:道路篇Ⅰ). 2012.

[5] (日)日本道路协会. 道路土工のり面工・斜面安定工指針(道路边坡坡面工程与加固工程指南). 2009.

[6] (美)海兰. 滑坡灾害防治手册——认识滑坡 防治滑坡. 汪发武译. 北京:地质出版社,2009.

[7] (日)被災宅地危険度判定連絡協議会. 擁壁・のり面等被害状況調査、危険度判定票作成の手引き. 2014.

[8] (日)建設コンサルタンツ協会近畿支部. 斜面・のり面の適切な点検方法の手引きと補修・補強工法選定資料. 2012.

[9] 赵明阶,何光春,王多垠. 边坡工程处治技术. 北京:人民交通出版社,2003.

[10] 蒋鹏飞,李志勇,舒安平,等. 公路边坡防护技术. 北京:人民交通出版社,2011.

[11] 中华人民共和国地质矿产行业标准. 滑坡防治工程设计与施工技术规范(DZ/T 0219—2006). 北京:中国标准出版社,2006.